斎藤一人 楽しんだ人だけが成功する

斎藤一人

PHP文庫

○本表紙図柄＝ロゼッタ・ストーン（大英博物館蔵）
○本表紙デザイン＋紋章＝上田晃郷

はじめに

日本人は、世界でも一、二を争うほどの真面目な民族です。

人生は苦労するのが当たり前で、努力や我慢なしには生きられないと思っている。

幸せになるために、成功して豊かになるためにって、自分に高いノルマを課すの。

じゃあ聞くけど、苦労すれば本当に幸せになれるのかい？

残念ながら違います。

だってそれが本当なら、日本は幸せな成功者ばかりのはずなのに、この国は疲れ切った人たちであふれかえっているよね。

一人さんを〝日本有数のお金持ち〟と言う人がいるけど、自分にムチを打ったことなんかないし、努力も我慢もしたことがありません。

生まれてこのかた、一度も苦労したことがないの。本当だよ。

それでいて経済的にも心も豊かだし、日本で一番幸せなんです。

つまり、成功するのにも、豊かになるのにも、幸せになるのにも、苦労はいらないってことだよ。


本当に幸せな成功者って、自分に無理なんかさせません。

仕事でも何でも、自分の「好き」を最優先に考えるし、人生をたくさんの遊びで満たしているんです。

幸せな成功者は総じて楽しく働いているし、プライベートも充実しているんだ。

世間では、「遊んでばかりいると幸せになれない」「厳しい世の中を渡っていくには我慢が必要」なんて言われるけど、それって真実とは真逆だよ。

この世の真理とは、こうです。

「好きなことを楽しんだ人ほど成功する」

この仕組みを知っていれば、人生から難題が消え、何があっても成功できます。

反対に、この仕組みを知らないと、苦労ばかりで報《むく》われない人生になっちゃうんだ。

その理由は本編に譲るとして、まずは、

「自分を大切にして人生を楽しむと、想像以上の未来が手に入る」

ということを、ここでしっかりと意識に刷り込んでおいてください。

楽しむことに目覚めると、人生は驚くほど好転します。

それも、思いもよらない形で、次々と幸運が舞い込んでくる。

あなたの人生は、今ここから大きく変わるんだ。

令和元年十月吉日　さいとうひとり

【お知らせ】
一人さんは「神様」が大好きなので、この本には神様という表現が繰り返し出てきますが、私は宗教家ではありません。ここで言う神様とは、特定の宗教の神様ではなく、この世を創造した大いなるエネルギーのことを指します。

斎藤一人

楽しんだ人だけが成功する

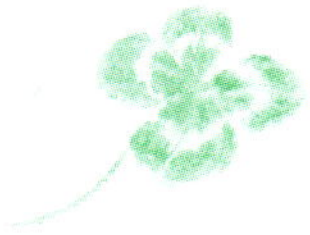

もくじ

第1章 楽しく遊べばそれだけで人生はうまくいく！

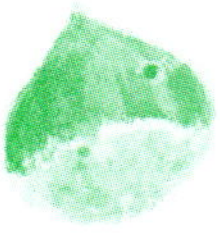

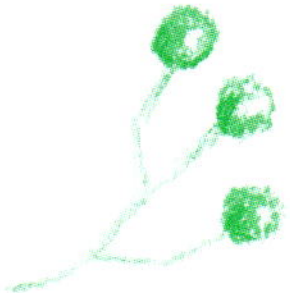

第2章 幸せになるか不幸になるかは、あなたの「思い」ひとつ

第3章 「個性」と「自由」を知れば心が軽くなる

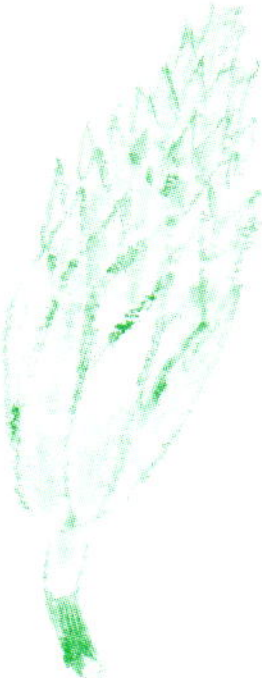

第4章 人と違う解釈をすれば真実が見えてくるよ

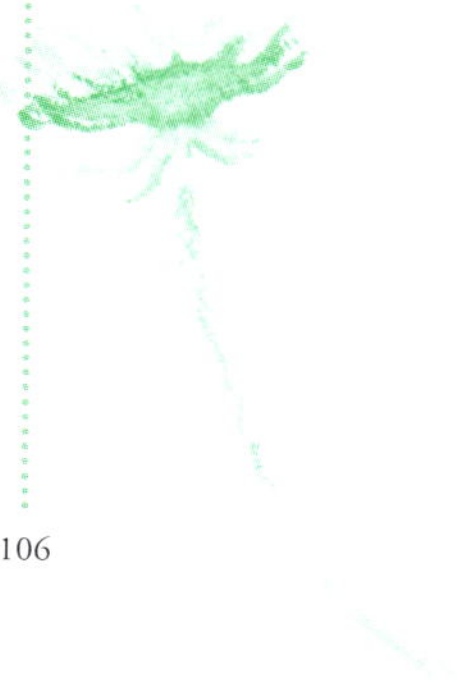

第5章 ネガティブな感情を一瞬で消す思考法

第6章 ちょっとしたコツで人生は大好転する

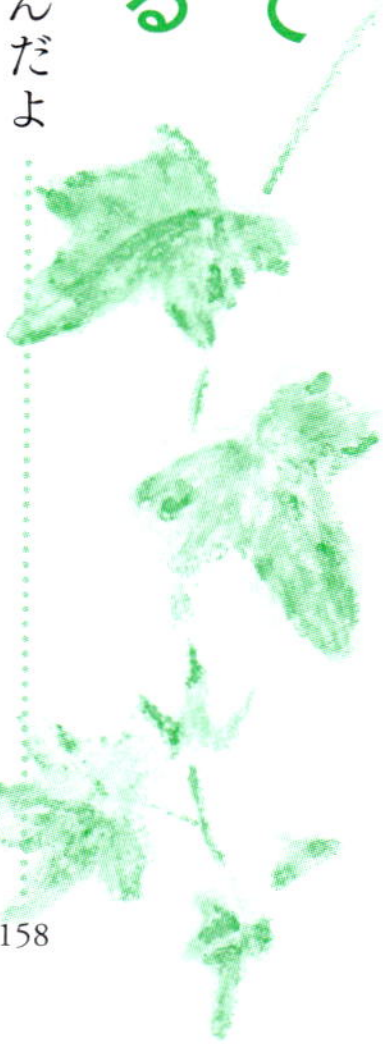

イラスト　川崎由紀
編集協力　古田尚子

第1章

楽しく遊べばそれだけで人生はうまくいく！

人間はジグソーパズルみたいなもの

日本にはいろんな神様がいて、それぞれに名前がついています。

天之御中主神《あめのみなかぬしのかみ》とか、天照大御神《あまてらすおおみかみ》とかね。

だけどこの世は「ワンネス」といって、あらゆるものが、ひとつの神様から生まれている。

つまり神様たちは、本来はひとつの「大きい神様（＝万物の源であるエネルギー）」で、もとをたどればみんな同じなんです。

それから、人間や動物、植物、鉱物……といったすべての存在も、神様と同じもので作られているんだよね。

この世は「個」の集まりだけど、表面的に個に見えるだけで、本当はみんなつながっています。

わかりやすく言うと、俺たちはジグソーパズルのピースみたいなものなんだ。

形はそれぞれ違っても、みんな同じ素材でできている。

ピースを組み合わせるとピタッとはまって、ひとつの大きな作品ができるの。

ジグソーパズルって、どのピースが欠けても作品は完成しません。

つまり人はみんな違うけど、**誰もがこの世に必要で、意味のある存在だ**ということ。

みんな、すごい能力を持った神様なんだ。

でね、それぞれが自分らしく、本来の形でいられる場所にいると、パズルのピースがピタッとはまるの。

そうすると、ものすごくしっくりくる。

「私の人生はこれしかない！」

っていう幸せを感じられるんだ。

ワクワクや感動で満たされた楽しい世界で、そこに苦労は一切ない。

その反対に間違った道へ進んでしまうと、自分の形とは違う場所に行き着くから、そこに順応するためには、自分の形を変えなきゃいけなくなります。

自分を押し殺したり、自分らしくない姿になったり……。

本当の自分でいられないから、当たり前だけどつらくなるの。

だから苦しい時は、そこは自分のいるべき場所じゃないということ。

その苦しみは、神様からの「あなたにふさわしい場所へ行ってください」というお知らせなんだ。

あなたの違和感が周りじゅうに迷惑をかける

パズルって、似たような形のピースがたくさんあるでしょ？

それと同じように、人間の世界にも〝自分にふさわしい場所のように見えるけど、本当は違う〞場所がいくつもあるの。

だけど自分のピースに似た形だから、みんな「ここが自分の居場所だ！」って飛びつくんです。

もちろん、実際には自分の居場所じゃないから、「何かおかしいぞ」「居心地悪いなぁ」って違和感を抱くんだけど、形がよく似ているから、ぐいっと体を押し込めちゃえば何とかなるわけ。

明らかにおさまりが悪ければ「ここは自分の居場所じゃない」とわかるけど、ちょっと無理すればおさまるだけに、違和感があっても気のせいだと思ってしまう。

で、違和感がありつつも何とかなれば、「やっぱりここでよかったんだ」って。

この勘違いが、大問題なんだよね。

みんなは「少々間違った場所でも、何とかなるんだったらいいんじゃない？」って思うかもしれないけど、あなたがそこに居座っているとほかの人に迷惑なんです。

まず、あなたがいるせいで、本来そこに入るべき人が入れなくなるよね。

あなた自身も違和感のある場所で苦労しなきゃいけないけど、それと同時に、ほかの誰かにも犠牲を強《し》いることになるんです。

それから、あなたがどんなに我慢しようが努力しようが、その場所にぴったり合う自分にはなれないの。

必ずどこか窮屈《きゅうくつ》だったり、隙間ができたりする。

例えばあなたが窮屈だと、どうしても隣の人をギュウギュウ押すことになるよね？

そうすると、押された人も窮屈になるから、さらに隣の人を押す。

まるであなたを起点としたドミノ倒しみたいに、不快感が連鎖していきます。

あなたが間違った場所にいると、周りじゅうに迷惑をかけることになる。

だからみんなのためにも、あなたは自分らしくいられる場所にいなきゃいけないんです。

自分らしくいることが一番幸せ

自分が苦しむことで、周りの人まで不快にする。

それって、神様がものすごく嫌うことなんだよね。

なぜかというと、人間は、地球でめいっぱい楽しむために生まれてきたから。

この世に生まれる前——魂がまだあの世にいる時に、俺たちは神様にこう言われてきました。

「うんと楽しんで、幸せになりな」

その約束を果たすという〝義務〟を持って、みんなこの世に生をうけたんだよ。

あなたは神様との約束を果たすために、その命をいただいたんです。

その神様が、俺たちに我慢や苦労を強いるはずがない。

神様は、あなたに「ここが私の居場所だ！」って確信できるような、自分らしく楽しい人生を望んでいるんです。

そうやってみんなが自分のやりたいことをすれば、他人とぶつかることはないし、争いごともなくなる。

誰もが幸せになれるよね。


神様は、ジグソーパズルのピースを組み合わせた時に、完璧な素晴らしい絵が完成するようにこの世を作りました。

つまりこの地球は、自分らしくいれば輝けるし、ありのままの自分でいることが一番幸せになるっていう世界なの。

みんなが楽しく生きることで、完璧な素晴らしい世界が完成するんだよね。

にもかかわらず、人間はすぐに自分の居場所じゃないところへ行ってしまう。

その理由は、子どもの時から「楽しいことばかりしているとダメになる」「我慢できない人間は社会で生きていけない」って教わるからです。

本当は自分が楽しくいられることをしたいのに、みんなに自慢できるような会社に就職しようとか、人にすごいって言われるような趣味を持とうとか。

自分の意見じゃなく、人がどう思うかで行動するようになってしまうんです。

我慢や努力が当たり前の、苦労が前提の人生になっているの。


それと世間では、自分より人を優先する「自己犠牲」が正しいと教え込まれるんだけど、一人さんに言わせたら、自己犠牲なんてとんでもない話です。

自分にすら優しくできないのに、どうやって人に優しくするんだろう。

不幸な人が、人の幸せを願うことなんかできるわけがない。

人に優しくできるのは、自分に優しくできる人だけだよ。

人に優しくしたいんだったら、まず自分自身を可愛がらなきゃいけないんです。


だからあなたは、堂々と我慢や努力のない人生を歩んでいいんだ。

あなたが好きなことを思う存分楽しめば、それが結果的に、周りの人のことも幸せにするし、社会のためにもなるからね。

世界は自分中心に回っているんだ

すごく陽気な女性がいたんです。

その女性がある時、こんなことを言ったの。

「私はいつも楽しいけど、時々不安になります。もしかして、あの世へ行った時に罰を受けるんじゃないでしょうか……」

どうしてそう思うのか聞いてみると、

「いつも誰かのために生きている人は天国へ行くと決まっているけれど、私は〝誰かのために〟という意識を持ったことがないから」って。


あのね、そういう心配をするから天国へ行けなくなるんです。

心配しなくても、自分の好きなことを楽しんでいれば絶対に天国へ行けます。

ピタッと自分の形がはまる場所にいれば、それだけで周りの人助けをしているんだよね。もう十分、社会の役に立っている。

あなたが自分の居場所で楽しんでいれば、周りの人も快適なんです。

それが神様の喜ぶ生き方であり、正しい道なの。

正しい道を歩んだ人が、地獄に堕《お》ちるわけがないんだ。


世の中には、人の顔色ばかりうかがって、我慢に我慢を重ねている人がいるよね。

で、不幸そうな顔をしながら、

「自分は何も悪いことをしていないし、こんなに周りに気を遣いながら生きている。せめて死後は天国へ行けるだろう」

と思っているかもしれないけど、天国ってどんなところかというと、あなたみたいな人がいないところだよって（笑）。

我慢がしみついた、暗い顔の人は天国にはいないんだ。

誰に遠慮することもありません。
あなたはとにかく楽しく生きたらいい。

そうすると、「世界は自分中心に回っているわけじゃない」とかって、水を差すようなことを言ってくる人がいるんだけど。

あのさ、自分中心に世界が回っていると思って何が悪いの？

この世には、1人ひとり「人生」という宇宙（世界）があるんです。

一人さんには、一人さんの宇宙がある。

あなたには、あなたの宇宙がある。

人生って、自分の宇宙なんだよ。

その宇宙が自分中心に回っているのは当然のことなのに、それを否定する人がいるから厄介《やっかい》なことになる。

せっかく人生を楽しんでいる人に、「自分はヘンなのかな？」「私は普通じゃない、おかしいんだ」なんて思わせるようなことを言っちゃいけないんです。

おしゃれや買い物が好きな人に、「サッカーに興味を持った方がいいよ」とか言われてスタジアムに連れて行かれても困るよね（笑）。

もちろん、サッカーがいけないとか、そういうことじゃないよ。

宇宙の違い、好みの問題なの。

人それぞれ違っていい。

みんな、自分の宇宙を好きに生きたらいいんだ。

人から信頼される秘訣は「遊び」です

仕事で成功しようと思ったら、まず人の信頼が欠かせないよね。

じゃあ、その信頼はどうすれば得られますかっていうと、「遊び」なんです。

映画を観に行ったり、仲間と遊びに行ったり、うまいものを食べたり、温泉へ行ったり、エッチな本を見たり（笑）。


楽しければ何だっていい。

常に自分に楽しい思いをさせてあげるんだよね。

なぜ人の信頼を得るのに遊びが大事かと言うと、遊びもせず我慢ばかりしている人って、周りの人を信頼できないからです。


順を追って説明すると、こういうことです。

我慢ばかりしている人は、まず自分のことを好きになれません。苦しい、つらい、やめたい……って、そんなことばかり考えている自分を好きな人はいないでしょ？

で、好きでもない自分のことを信頼できるわけがない。

自分のことすら信じられない人は、当たり前だけどほかの人のことだって信じられないんだよね。

そういう人は、誰からも好かれないんです。

だって考えてごらん。

あなたは、自分を信頼してくれない人を好きになれるかい？

遊びが足りない我慢ばかりの人ってね、いつも暗い顔をしていて、自分のことも、ほかの人のことも信頼できないの。

それじゃあ、周りがついてきてくれないのは当然だよね。

昔は、社員旅行でも全員参加が当たり前だったんです。

みんなで行かなきゃいけないっていうヘンな空気があったから、行きたくない人もしぶしぶ参加していた。

だけど遊びを知っている社長だったら、たぶんこう言います。

「社員旅行のために用意したお金があるので、それをみんなに分配します。それぞれ好きなように使っていいからね」

こういう社長、すごくかっこいいじゃない。

社員から信頼されそうでしょ？

自分が遊んでいる人は、ほかの人に対しても「こうすれば喜んでもらえる」というのがわかるから、すごく気がきくの。

遊んでいる人には、魅力があるんです。

だけど自分が遊んでいないと、周りの人の気持ちがわからないから魅力にも欠ける。

人は、自然と魅力があるものを選ぶの。

社長だって上司だって、魅力的な人の方がいいに決まっているし、そういう人が信頼されるのは当たり前なの。

豊臣秀吉はいい女にモテたくて天下を取った(笑)

幸せになろうと思ったら、やっぱりお金はあった方がいい。

よく「お金がなくても幸せになれる」って言うけど、お金はないよりあった方がいいに決まっているんです。

欲しいものが買えないより、買えた方が幸せだよね。

じゃあ、どうすれば豊かになれるんですかって、稼ぐしかないの。

時々、「好きなことにお金を使えば、お金は自然に入ってきますか？」とか聞いてくる人がいるんだけど、残念ながらそんな都合のいい話はない（笑）。

好きなことにお金を使いたいんだったら、自分で稼ぐとか、旦那に稼いでもらうとか、とにかく稼ぐしかないんです。

使えば勝手に入ってくるとか、そういう話じゃないの（笑）。

でね、みんな「稼ぎが少ないと好きなことにもお金がかけられない」って言うけど、一人さんに言わせると、好きなことにお金をケチれるってことは、たいしてそれが好きじゃないからだよ。

本当に好きなことって、お金があろうとなかろうとストップがきかないんだ。

例えば、あなたはおしゃれが大好きだとします。

今、目の前に50万円の服があって、それがものすごくあなたに似合うし、着ると幸せな気持ちになるんです。

その服が欲しくてしょうがなかったら、ローンを組んでも買うの。

それを「50万円もするんだったらやめとこう」って簡単に諦められるくらいなら、たいしてその服が欲しいわけじゃないんだよね。

ケチれるということは、お金を使わない方が好きなの。

本当は、あなたは貯金する方が好きなんです。

もちろん貯金が悪いわけじゃないし、お金を使うことをすすめているわけでもないよ。お金って、使うのも楽しいし、貯めるのも楽しいものだから。

どちらでも、自分の好きなようにすればいいんだ。


普通の人は、50万円の服をローンで買うなんて、借金地獄で大変なことになると心配するんだよね。

だけど借金ばかりでは、好きなことをし続けられないんです。

借金を重ねるといつかは破産するから、好きなことができなくなるの。

それじゃ困るから、早くローンを返済するために頑晴《がんば》って（一人さんは「頑張る」をこう書きます）働くし、「また新しい服が買えるようになるには、どうしたらいいかな？」とも考えるから、お金を稼ぐための知恵も湧いてくるんです。

自分で稼げないんだったら、貢《みつ》いでもらえるくらい魅力的な人間になろうとか。

本気の「好き」には、それだけのパワーやエネルギーがあるの。

お金を稼ぎ出す、強い原動力になるんだ。

俺みたく女性が好きな人は、モテるためにうんと稼ぐか、もしくは女性が貢いでくれるぐらい魅力的な男になるしかない（笑）。

戦国武将の豊臣秀吉なんて、いい女目当てで天下を取ったようなものだよ（笑）。

秀吉の出自は農民だとか、足軽（最下層の武士）だったとか諸説あるけど、とにかく身分としてはかなり低かった。

普通だったら、とても天下を取れるような身分じゃなかったの。

しかも容姿はサルみたいだの、ブサイクだのって、散々なことばかり言い伝えられている（笑）。

貧しいうえにブサイクとくれば、普通は「いい女が自分なんかに振り向いてくれるわけがない」と諦めちゃうんだよね。

だけど秀吉は違ったんです。

いい女に対する本気度がハンパなかった（笑）。

いい女にモテたいという願望が、秀吉に天下を取らせたんです。

こういう強力な「好き」があれば、お金だっていくらでもついてくるんだ。

「好き」を極めた人が一流になる

努力が必要なことって、「神ごと」じゃないんです。

だって神様は完璧な存在だから、努力なんかしなくても成功するはずだから。

神様って失敗することができない。

成功しかしないんだよね。

その神様と同じ存在である俺たちだって、努力なしに成功できるんです。

なのにみんな、すぐ「努力が大事」「何事も忍耐だ」とかって言う。

嫌なことでも努力すれば報われるとか。

あのね、**一人さんに言わせると、嫌なことを努力するとますます嫌になることはあっても、一流にはなれないよ。**

一流になりたいんだったら、自分の好きなことで頑晴らなきゃ。

ウソだと思ったら、世の中で一流を極めた人を見てごらん。

間違いなく、みんな自分の好きなことで一流になっているから。

「私はゴルフが嫌いですけど、プロになって優勝しました」

なんて言っている人、見たことないよね（笑）。

好きなことって、努力がいらないんです。

もちろん、一流になるには繰り返し練習をしたり、研究したり、鍛錬《たんれん》が必要だよ。

でも好きなことは楽しいから、自然とそれをやりたくなっちゃうものなの。

例えば、ファッションが三度の飯より好きな人は、何時間でも洋服屋さんにいられるし、何日かかろうと好きな服を探して買う。

そこまでできるから一流になれるんだけど、そういう人がものすごい努力をしているかというと違います。

ただファッションが好きだから没頭しているだけで、努力しているわけじゃない。

ほかの人にとってはキツいことでも、自分が楽しけりゃ苦痛は感じないものなんだ。

欲を抑えちゃいけないよ

「悪いことをすると、神様が罰を与える」って言う人がいます。

じゃあ悪いことって何ですかって聞くと、「欲深いのがいけない」とかって。

それなら、この世の全員が悪い人間ということになるよ。

だって俺たち人間は、みんな生まれながらに欲を持っているから。

もともと欲を持って生まれてきているのに、その欲を抑えちゃうと、抑圧された波動（周波数）が出るんだよ。

で、そのネガティブな波動が不幸を呼ぶんだよね。


波動というのは、この世のあらゆる生命体や物質、現象から出ていて、「波動が同じものは引き合う」という法則があります。

明るい波動は明るい出来事を引き寄せるし、不幸な波動は、ますます不幸を感じるような出来事を引き寄せるの。

この特性から言うと、欲は絶対に抑えちゃいけないんです。

幸せになりたかったら、自分の好きなことをして、どんどん楽しい波動を出さなきゃいけない。わかるかな？

もちろん法律で禁止されていること、人を傷つけることはダメだけど、人に迷惑をかけないことだったら、自分が幸せになれる欲をいくらでも深追いしていい。

洋服が好きな人は、いくらでも買えばいいの。

そういう人がお店で洋服を選んでいる時って、欲しいものを買いたいという欲を発散しているから、ものすごく幸せな波動が出るんだよね。

ところが欲をいけないものだと思って、本当は10着欲しいのに1着しか買わないとか、1着も買っちゃいけないとかって思うと、ものすごく苦しくなります。

で、その苦しい波動が不幸を引き寄せる。

欲しいものが買えないうえに不幸まで引き寄せるんじゃ、ひとつもいいことないじゃない（笑）。

そりゃ、返せないほどの借金をしてまで買うのはマズいけど、買える余裕があるのなら、欲しいものを好きなだけ買えばいいんです。

こんなに買って大丈夫かな、なんて思う必要もないよ。

そういう不安な気持ちを持つと、不安の波動が出ちゃうから、好きなものを買ったとしても不幸を引き寄せちゃうからね。

人間の苦しい波動が戦争や天変地異を起こす

江戸時代には、「奢侈禁止令《しゃしきんしれい》」という、贅沢《ぜいたく》を禁止する法令があったんです。

絹は贅沢品だからって、庶民には絹を使った着物を禁止したの。

ところが身分が上の人たちだけは絹を着ていたんだよね。

貴族でも大奥でも、絹の美しい着物を着てファッションを楽しんでいた。ファッションだけじゃないよ。食べるものから住まい、教育、仕事……それこそ、あらゆる場面で庶民は倹約を強いられたんです。

そうやって徹底的に欲を抑え込まれるわけだから、庶民からはものすごくネガティブな波動が出るよね。

苦しい波動のエネルギーが強大だった。

それでどうなったんですかって、無茶苦茶なことが起きたんです。

歴史をさかのぼるとわかるように、昔はそこらじゅうで戦《いくさ》が起きていました。今じゃ考えられないけど、普通の人が常に殺し合いをしていたんだよ。

それがだんだん豊かになって庶民にも自由が許されるようになると、戦も減ったの。

人々の波動がよくなったから、戦が減ったんです。

そもそも好きなことをしたいっていう欲が満たされると、人は争わなくなるしね。

今もまだ世界のあちこちで紛争は起きているけれど、昔みたく大規模な戦争はなくなったし、確実に平和になってきている。

それはやっぱり、人間の波動がどんどんよくなってきているからだよ。

戦争だけじゃなく、天変地異なんかにも人間の波動が関係しているんです。

わかりやすく言うと、日本の人口は今、約1億2500万人だけど、その中で我慢している人の方が多いと、地震や自然災害などの天変地異が増えるの。

反対に、欲を発散して楽しく生きている人の方が多いと、天変地異が減ったり、たとえ起きても被害が小さく済んだりするんだ。

波動というのは、それほど大きな影響力を持っている。

だからこそ、1人ひとりが楽しく幸せな波動を出せるようにしなきゃいけないの。

一人さんはどんどん彼女の数が増え続けているんだけど、それには〝地球を守る〟という重要な意味があるんです（笑）。

天変地異を減らすために、俺は1人でも多く彼女を作る。

これは人類のために成し遂げなきゃならない、俺の使命なんだ（笑）。

自分を可愛がれば仕事はどこまでも面白くなる

「好きな仕事をしているのに、なぜかうまくいかなくてつらい」

「望んで就《つ》いた仕事なのに、何年も続けているうちにつまらなくなってしまった」

こういう人って結構いると思うんだけど。

なぜ「好きな仕事なのに楽しくない」という矛盾した現象が起きるのかという

と、自分の可愛がり方が足りないからです。

好きな仕事ができるって、最高だよね。

だけど、仕事と遊びは違うの。

楽しいからって、仕事だけしていればいいわけじゃない。

人生には、遊びも必要なんです。


一人さんは仕事が大好きですが、もしこの世にTバックをはいた女性がいなかったら、ものすごくつまらないだろうね（笑）。

いつも美女のTバック姿を想像して楽しんでいるからこそ、仕事だって面白いの。

俺がエッチな本を買ってTバック姿の美女を眺《なが》めたりするのは、自分のことをめちゃくちゃ可愛がっているからなんです。

なぜ自分を可愛がるんですかって、**いつも自分に楽しいことをさせてあげていると、最高にいい波動が出るからだよ。**

その最高の波動が、最高の出来事を引き寄せるの。

例えば営業の仕事をしている人だったら、大きな契約が取れるとか。

ものづくりをしている人なら、自分が作った製品が大ヒットするかもしれない。

そういう嬉しい結果が出ると、仕事ってうんと面白くなるよね。

波動だけじゃないよ。自分を可愛がっている人は、周りが放っておかないの。

なぜかというと、楽しんでいる人は、いかにも幸せそうな満ち足りた顔になるから。

いつも幸せそうな明るい人って、周りの人に好かれるんだよ。

そうすると何か困ったことが起きてもみんなが助けてくれるから、仕事がうまくいかないなんてことがなくなるんだよね。

もし今の仕事に限界を感じていたとしても、あなたが幸せな波動を出していれば、必ず自分にふさわしい仕事がベストな形でもたらされる。

あなたに惚《ほ》れ込んだ取引先の人からヘッドハンティングされたり、あなたにぴったりの転職先を知人が紹介してくれたりね。

人生を楽しんでいる人って、圧倒的な魅力があるから周りが絶対に放っておかない。

だから心配しなくても、勝手にどんどんいい仕事に恵まれるよ。

『釣りバカ日誌』のハマちゃんをお手本にしてごらん

何度もドラマや映画になっている、『釣りバカ日誌』（やまさき十三作、北見けんいち画、小学館）という人気マンガがあるんです。

主人公の〝ハマちゃん〟がものすごい釣りバカで、仕事よりも釣りに夢中なの（笑）。

会社をサボってまで釣りに行っちゃったりして（笑）。

仕事中も釣りのことばっかり考えているから、ろくに仕事をしない。

だから問題を起こしてクビになりかけることもしょっちゅうなんだけど、そのたびに奇跡が起きてクビがつながるんです。

何よりも明るくて憎めないキャラクターだから、みんなの人気者なんだよね。

そのうえ、たまたま釣りを通じて大親友になった人が、なんとハマちゃんの会社の社長だった（笑）。

仲間に愛されていて、社長とも親友。すごい展開でしょ？


みんなは「それはマンガの世界だから」って思うかもしれない。

だけど一人さんは、あながち作り話じゃないと思っているんだよね。

ハマちゃんみたく心底人生を楽しんでいると、本当にみんなから愛されて、社長と親友になったりすることってあると思います。

だからハマちゃんをお手本にして生きてごらん。

あれくらい楽しく自由に生きられたら、人生悪いことなんか起きるはずがないから。

ハマちゃんみたいに仕事そっちのけで好きなことをしていいんですかって、ハマちゃんは仕事をサボって釣りに行くけれど、あなたはサボってまで行く必要はないよね。

今は週休2日が当たり前の時代だし、祝日や祭日のほかに、有給休暇だって取れる。

好きなことをするのに、無理しなくてもいい時代なんだから。

一人さんも意識したことはないけど、考えてみたら、生き方がハマちゃんそっくりなんだよね（笑）。で、思い出したんだけど。

俺ね、若い時にみんなから「億万寅さん」って呼ばれていたの。

『男はつらいよ』※の寅さんと同じで、いつもどこへ遊びに行ってるかわからないんだけど、それでいて納税額日本一だから「億万寅さん」（億万長者の寅さん）なんだって（笑）。

世間の人は、寅さんみたいなフーテンはお金を稼げないと思っているけど、そうじゃないよって身をもって証明しているのが一人さんなんだよね。

楽しく生きている人が、貧しくなるわけがない。

間違いなく、豊かになれるんだ。

（※）フーテンの寅さんが旅先で織りなす恋物語を描いた、テレビドラマ・映画シリーズ。

第2章

幸せになるか不幸になるかは、あなたの「思い」ひとつ

1%の力でいいから幸せの方向へ背中を押す

神様と同じ存在である俺たちは、どんな難題でも解決できるし、何をしても成功しかできません。

失敗なんてありえないんだよね。

にもかかわらず、世の中にこんなにも苦しんでいる人が多いのは、みんな目の前で起きていることを「問題」だと思っているからです。

だけど本当は、この世で起きることはすべて中立。

どんな出来事も「いい」「悪い」はありません。

病気になろうが、貧しかろうが、失業しようが、全部ただの出来事なの。

その中立のことで苦しむのは、あなたが「これは不幸な出来事だ」と思っているからであって、あなたの「思い」が苦しみを生み出しているんです。

どんなに嫌な出来事に見えても、

「神である自分に解決できないはずはない」

「このことから何を学べるだろう？」

って考えられる人にとっては、決して悪い出来事にはならないんだよね。

起きた出来事を明るく受け止められる人からは、明るい波動が出る。

だから本当にその出来事で学んだことが活《い》かされて、結果的に幸せな出来事が引き寄せられます。

中立の出来事を幸せな結果に結びつけるか、不幸な結果を引き寄せるか。

それは自分の思い次第。

あなたの思いひとつで、現実はどちらにでも転ぶんだ。

つらい出来事をどうしても明るく考えられませんっていう人は、無理しなくてもいいから、最初はちょっとだけ意識を変えてごらん。

１００％変えようとする必要はないし、ネガティブな感情があってもいい。

１％の力でいいから、自分の背中を、幸せの方向へチョンと押すの。

人間の心はポジティブとネガティブを振り子のように行ったり来たりするものだけど、明るい方へ傾きかけた時にチョンと背中を押せば、勢いがついて勝手に幸せの道へ体が押し出されるんだよね。

小さな力でも、軽々と幸せの方向へ倒れる。

ちょっとの思いで、人生って本当によくなるんだ。

１％でも難しい人は、０・０００……１％でもいいから、まずは明るい考えを持ってみるといいよ。

それでパッと現実が変わるってこと、絶対にあるから。

明るい波動を出したかったら軽く考えるんだよ

人生は自分の「思い」次第。

そうすると、「絶対に明るい考えをするぞ」「ネガティブな感情は持っちゃいけない」とかって、ものすごくリキみ始める人がいるんです。

そんなに重く考える必要はないんだよ。

21世紀は「魂の時代」で、ものごとをどれだけ軽く考えられるかで勝負が決まるから、深刻になっちゃいけないの。

昔は全体主義だったから、何をするにしても国に従わなきゃいけなかった。

みんな貧しくて、個人の幸せが後回しになるのは仕方がなかったんです。

でも、時代は変わって豊かになりました。

豊かになって、個人がそれぞれの幸せを追い求められるようになったの。

そういう時代に重く考えるのは、わざわざ波動を重くしているってことだよ。

自ら不幸を選択するようなものなんです。

明るく楽しい波動を出すには、ものごとを軽く考えること。

そもそも「明るい」という言葉自体、「あ、かるい（＝あ、軽い）」でしょ？

軽く考えなきゃ、ポジティブな波動は出ないよ。


軽く考えるクセを身につけるためには、**「あれはダメ」「これは間違い」という世間の常識を打ち破るのが一番です。**


例えば食べ物にしても、普通は「好き嫌いするのは悪いこと」だと思われているでしょ？

だけどそれは食料が不足していた時代の考え方なの。

昔は食料が不足していたから好き嫌いできるだけの余裕がなかったし、栄養面でも好き嫌いを言うことは許されなかったんだよね。

その考えをいまだに引きずっているのはおかしいんです。

豊かになった今の時代にそんな重苦しい考え方をする必要はないの。

好き嫌いは悪いことじゃないし、好き嫌いがあってもちゃんと生きていける。

今は食品ロス（まだ食べられるのに廃棄される食品）を減らすための取り組みが推進されるほど飽食の時代で、何を食べるかは自由に選べるわけだから。

好きなものだけ食べていても栄養はとれるし、もし足りなければサプリメントなどで補えばいい。

いろんなことを、こんなふうに考えるようにしてごらん。

そうすれば、軽く考えるクセが自然と身につくからね。

仕事しなくてもいいし引きこもったっていい

一人さんにしてみれば、「仕事したくない＝怠《なま》け者」みたいなイメージもヘンなの。

仕事したくないから家にいるっていう人は、それでもなぜか食べていけるようになっているんだよね。

親に経済的な余裕があって援助してもらえるとか。

そういう環境を選んで生まれてきているものなんです。

働かないからって暮らしに困ることはないし、不幸にもならない。

じゃあ、働かないことで貧困にあえいでいる人はどうなんですかって、それは本人の中に重い考えがあるからだろうね。

心のどこかで「働かないと大変なことになる」と思っているから、そこから出るネガティブな波動によって、本当に大変なことが起きるんです。

大変なことなんか起きるわけがないって、本気でそう思っていたら、働かなくても困ったことにはならないものだよ。

それとね、我が子が部屋に引きこもったりしていると、親は何とかして引きこもりをやめさせようとするんです。

どうしたら外に出るだろう、どうしたら働いてくれるだろうかって悩むんだけど、それが重すぎるんだよ。

だから俺は、いつもこう言うんです。

「お子さんは引きこもりじゃなくて、〝自宅警備員〟だよ」

そうすると親御さんは笑うんだけど（笑）。

要は、親がまず子どものことを軽く考えてあげたらいいんだよね。

親の明るい波動が伝われば、子どもは安心します。

安心した子どもはどうなるかというと、引きこもりながらでも楽しいことを探し始めるんです。

で、何か興味が持てることを見つけて学びだすと、そこからさらに興味が広がり、いつの間にか社会へ出て行ったりする。

だから、親は軽い気持ちで子どもを見守っていたらいいの。

もちろん愛のない放置はよくないけど、愛があれば軽い気持ちで大丈夫なんだ。

そもそも考えようによっては、子どもが引きこもりって親としては楽なんだよ。

だって大学にでも行かせたら授業料はかかるし、遠くの学校なら下宿させなきゃいけないかもしれない。お金がかかって大変だよ（笑）。

その点、引きこもりなら食事だけ出せばいいんだから、こんな楽なことはない（笑）。

引きこもっていたって、その間に本人は必ず何かを学ぶの。

心配するようなことは何もないんだ。

一人さんは財布を落としたって何とも思いません

あなたは今、財布をなくしたとします。

どんな気持ちになるか想像してください。

たぶん多くの人は、焦《あせ》ってイライラしたり、文句を言ったり、落ち込んだりするんじゃないかな。

ツイてないなぁ、最低な日だなぁって。

だけど一人さんの場合は、少しもガッカリしないの。

全然気にしない（笑）。

ウソじゃないよ。だって財布を落とすことなんて、俺にはたいした問題じゃないから。

そりゃ、財布をなくしたことで命に関わるんだったら話は別だけど（笑）。

そういう深刻な問題でもないのに、なぜみんなは取り乱すんだろう。

一刻も早くクレジットカード会社や銀行に電話しなきゃって焦るのかもしれないけど、そんなの電話1本で済むんだから簡単なことだよね。

それに、財布の中に全財産を入れている人はいないと思うから、財布を落としたからって、いきなり暮らしに困ることはないでしょ？

冷静に考えたら、たいした問題じゃないことがわかる。

自慢じゃないけど、俺は過去に何度も財布を落としています（笑）。

だけどその経験があったおかげで、財布をベルトにくっつけることを思いついて、今はもう財布を落とさなくなったんです。

こういう工夫のきっかけをもらえたと思えば、「次からは気をつけよう」って軽く考えられるんだよね。

ネガティブな感情をいつまでも引きずることはない。

まぁ、俺の場合はそもそもネガティブな感情が湧くことはないけど（笑）。

だからこそ、一人さんはこんなにツイてるんだろうね。

世間ではよく「勝ちグセ」っていう言葉が使われるけど、勝ちグセをつけるには、考え方を変えなきゃいけないの。

勝ちグセって、要は「勝てる思い」を身につけることなんだよね。

日頃から明るい思いを持つこと。

それには、ものごとを軽く考えられなきゃいけません。

軽く考えられるから、明るい思いを持つことができて、何が起きても悪いようにはならない。成功もするんです。

で、そういう人はたとえ財布を落としたとしても、なぜかなくした財布が見つかったりするものだよ。

試験で0点？ 全然問題ないよ(笑)

人には「実力」があるんです。

例えば試験を受けた時、あなたの実力だと50点取れるとする。

その場合、実力以上の80点を取ることはできないし、実力以下の30点を取ることもないの。

親に怒られようが何しようが、実力は変わりません。

だけど同じ50点の実力でも、「50点でいいんだ」と思っている人間と、「50点じゃダメだ」と思っている人間では、起きる現象が全然違ってきちゃうの。

50点でいいと思うのは、諦めじゃないよ。

ありのままの自分でいいんだって、認めてあげることです。

そうやって自分を認めてあげるのと、これじゃダメだって否定するのとでは、その後の人生に雲泥《うんでい》の差が出るんだよね。

だって、あなたのその思いが現実を作るから。

自分を認められる人には、もっと自分を認められるような嬉しいことが起きる。

反対に、自分はダメだと思い続けている人は、ダメだと思い知らされるような不運ばかり引き寄せちゃうんだ。


そこへいくと一人さんなんか、試験の結果が10点だったとしても、「10点も取れた！」って大喜びだよ（笑）。

10点取れたことを喜んで、そんな自分を立派だと思える人には、なぜか奇跡みたいないいことが起きるんだよね。

というか、俺の場合は0点だって自信満々です（笑）。

答案用紙に名前が書けただけでスゴい（笑）。

だって学校で教わったことなんて、どうせ俺の人生ではほとんど使わないから。

使わないものはいらないんだよ。

大工さんになりたい人が、立派なトンカチやノコギリを欲しがるのはわかるけど、商人の俺が持ってたってしょうがないでしょ(笑)。勉強もそれと同じ。

俺にとっては試験の結果なんてどうでもいいし、点数が悪かろうがどうしようが、そんなことで落ち込んだりしません。

一人さんは、どんな自分でも可愛がって褒《ほ》めてきたの。

だから納税額日本一になったし、これからだって、どこまでも幸せになれるんだ。

苦しい時ほど神様が必死でサインを送ってくれている

思いが間違っていると、必ず困ったことが起きます。

つまり、何か問題が起きた時は、

「その考え方は正しくありませんよ」

っていう神様からのサインなんだよね。

間違った思いがネガティブな波動を出し、その波動によって嫌な出来事が引き寄せられているわけだから、根本的に解決するには思いを変えるしかないんです。

ところがそのことに気づかずいつまでも思いを変えずにいると、神様があの手この手で「その考え方は間違っているよ」って教えてくれる。

それって、嫌なことのオンパレードになるってことだよ（笑）。

だから問題が起きたら早い段階で立ち止まって、自分の思いを確認した方がいい。

だって神様の助言を無視して進むと、神様はますます大きな声で「間違ってるぞ～」って知らせてくれるからね。

もう、地獄のような苦しみが待っているんです（笑）。

神様って、絶対に俺たちを見放しません。

神様の愛はハンパじゃないんです。

何があっても神様は俺たちを助けようとしてくれるから、本人が気づいて幸せの道へ進むまで、とことんつき合ってくれるの。

つまり苦しい時ほど、神様が必死であなたにサインを送ってくれているということ。

いつまでもそれに気づかないのは、自分が苦しいだけじゃなく、神様にも申し訳ないよね。

正しいのはあなたの本心

親族や友人からお金を貸して欲しいと頼まれると、断れない人がいるんです。

本当は貸したくないけど、無理して助けちゃうんだよね。

それで貸した後に、相手と連絡が取れなくなったりして悩む。

あのね、貸したくないと思っているんだったら、最初から「ごめんね」って貸さなきゃいいんです。

親族だからとか、友人だからとか関係ない。

正しいのは、あなたの本心なの。

それを本心に逆らうから、結局あなたが嫌な思いをすることになるんだよね。


嫌な時は、はっきり断らなきゃいけないんです。

そうじゃなきゃ、ずっと嫌な思いをすることになるし、その思いがネガティブな波動になって、また嫌な出来事を引き寄せるだけだから。

で、断るとしても軽い気持ちで伝えること。

重く考えてしまうと、断ったことがまた悩みの原因になりかねないからね。

もちろん、相手を助けてあげたいと思うんだったら、気持ちよく、笑顔でお金を出してあげたらいいんです。

もう返ってこなくてもいいっていう気持ちでお金を渡すの。

そういう軽い気持ちで出せるわけじゃないんだったら、やっぱりあなたはお金を貸したくないということだから、「ごめんね」って断ればいいんだ。

貧乏考えをしていると貧乏神がくる

あなたの思いがよくなれば、いくらでも幸せな現実を引き寄せられます。

その一方で、あなたが貧乏考えをしていると、貧乏神がくるの。

貧乏考えというのは、「楽しく遊んじゃいけない」「うちはお金がない」「人生、お金じゃない」みたいなケチ臭い考えです。

例えば、奥さんがハンドバッグを1個買ったとする。

そういう時に「お前はバッグばかり買いやがって」なんてケチ臭いことを言う旦那には、貧乏神がついているの。

豊かな考えとは、「1個しか買ってやれなくて悪いな。来年は2個買えるように頑張るからね」って言えることです。

今がどんな状況でも、そういう豊かな考えをしている人は、本当に豊かになるんだ。

でね、人の悪口や文句、愚痴、泣き言、自分への卑下《ひげ》なんかも貧乏考えなんだけど、そういう貧乏考えの人が、考えを改めないまま死ぬと、貧乏霊になるんです。

霊というのは魂のこと。

死んだ後に魂がちゃんと天国に行かないでこの世をさまよっていると、浮遊霊になっちゃうんだよね。

不幸がしみついちゃって、自分が神様であることも、死んだら天国に行くことも忘れてしまって浮遊霊になる。

だから貧乏考えの人が住んでいた家は、次にそこに住む人はよっぽど豊かな気持ちで臨まなきゃいけないんです。

ただでさえ貧乏神が住み着いていた家なのに、死んだ家主まで貧乏霊になって浮遊すると、貧乏波動がダブルになっちゃうからね（笑）。

そういう家に住まなきゃいけない人はどうしたらいいんですかって、貧乏波動に負けない、うんと明るい波動を出せばいいだけの話だよ。

明るく楽しく笑って過ごせば、貧乏神は逃げていくし、貧乏波動も消えるんだ。

奥さんの豊かな波動が旦那の財運を上げる

ある大富豪は、奥さんから「あなたちょっとお願いがあるの」って言われると、そのたびに家が買えるくらいの大金が飛んでいくんだって（笑）。

普通だったら「ふざけるな」って言うところだけど、その人は違うよ。

「好きに使いな」

そう言って、笑顔で奥さんにお金を渡すんです。

どういうことかと言うと、その人は、奥さんが好きなことにじゃんじゃんお金を使っても、そのおかげで奥さんの明るく楽しい波動が家族の運気を上げることを知っているんだよね。

奥さんが楽しく節約するのならいいけど、買い物したいのを我慢するとか、セコい気持ちで節約すると、奥さんの波動が下がっちゃうの。

そうすると家の中に嫌な波動が充満して、旦那の仕事がうまくいかなくなったり、子どもが問題を抱えたりするようになるんです。

だけどこの奥さんは、好きなだけ買い物を楽しんでいるから、いつも明るい波動を出しているんだよ。

そのおかげで、旦那もずっと稼ぎ続けられる。

もし奥さんがケチな波動を出し始めたら、たちまち旦那は転落です（笑）。

うんと稼げるのは、奥さんの明るい波動のおかげ。

そう思えるくらいじゃなきゃ、たいした男じゃないよね（笑）。

実証のないものは間違いだよ

多くの人は、世間の常識を当たり前のように鵜呑《うの》みにします。

あるいは、たとえ疑問に感じたとしても、空気に流されて周りと同じようにしてしまうんだよね。

だけど世間の常識って、間違ったことがたくさんあるんです。

その証拠に、日本には常識的な人が多いにもかかわらず、みんな悩みを抱えている。

もし世間の常識が正しいんだったら、常識の中で生きている人は、全員幸せじゃなきゃおかしいよね。

その一方で、常識なんか少しも気にしない一人さんは、誰よりも幸せです。

俺は生まれてこのかた、悩みらしい悩みを持ったこともないし、ずっと成功の連続で生きてきた。

ということは、いかに世間の常識が間違っているかってことなんです。

もちろん、世間の常識がすべて間違っているわけじゃないよ。

世間が正しいこともある。

じゃあどうやって見極めたらいいんですかって、「実証」が伴うかどうかなの。

実証というのは、それをすれば今すぐ幸せになれることを言います。

将来幸せになるとか、いつかうまくいくとか、そういう曖昧《あいまい》なものじゃない。

実践したら、即、実証が伴う。

それが正しい考え方なの。

だから「我慢が大事」「努力がものを言う」「人生思い通りに行かないのが当たり前」みたいな常識は、俺に言わせると全部間違いです。

だって、どれも今すぐ幸せになれることじゃないでしょ？

それどころか苦労を強いることばかりで、これじゃ不幸にしかならないよね。


今すぐに幸せになれることって、例えば一人さんの場合だと、Tバックをはいている女性を思い浮かべたり、エッチな本を買ったり（笑）。

あるいは、大好きなドライブや、旅行のことを考えたりね。

それだけで、今この瞬間から幸せな気持ちになれる。

こういうのを実証と言うんです。

楽しくなるようなことを思い浮かべる。

好きなことをする。

そうすればたちまち幸せになるから、これは間違いなく正解です。

で、神様もそういう実証のある生き方を望んでいるんだよね。

人生ってね、好きなものがいっぱいある人ほど幸せになれるんです。

常に人生を楽しんでいて、明るい思いで満たされている人ほど運も強くなる。

うちの会社（サプリメントや化粧品の製造・販売をしている「銀座まるかん」）が、創業以来ずっと黒字を出し続けているのは、紛れもなく、社長である一人さんが毎日好きなことしかしていないからなんだ。

自分のいるべき場所で、ピタッとパズルのピースがはまっている。

それは一人さんが特別な人間だからじゃないよ。

自分の「好き」や「楽しい」を大事にすれば、誰だって成功できるし、幸せになれるんだ。

第3章

「個性」と「自由」を知れば心が軽くなる

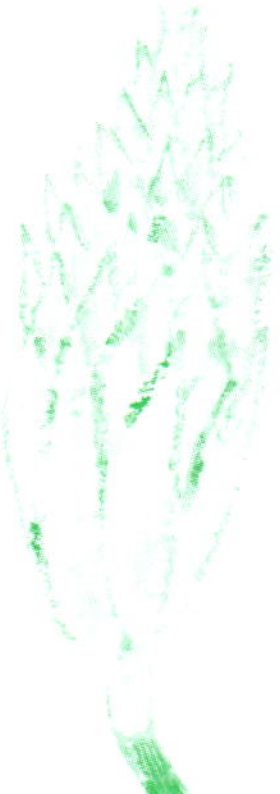

「類は友を呼ぶ」波動の作用

これまで繰り返し「波動」の話をしてきたんだけど、そもそも人間には、なぜ波動があるんだろう。

その答えは、「個性」にあります。

簡単に言うと、もし人間に波動がなかったら、それは個性がないということなの。

波動って、個性から生まれるんだよね。

明るい個性の人からは明るい波動が出るし、ネガティブ思考の人は暗い波動を出す。

と言っても、暗い波動の人だって、「明るいことを考えよう」と思えば、その瞬間から明るい波動を出すことができます。

だから「自分は波動が暗いから人生がうまくいかない」とか思う必要はないんだ。

波動が暗いんだったら、波動が明るくなることを考えたらいい。

波動はいつでも、あなたの思いひとつで変えられるから。

でね、すでにお伝えしたように、波動が同じものは引き合うという法則があります。

いつも楽しそうにしている人には、楽しい人が集まってくるし、怒りや悲しみといったネガティブな感情で生きている人には、やっぱりネガティブな人が集まってくる。

よく「類は友を呼ぶ」と言うけれど、それは波動による現象なの。

一人さんの周りには、自然と楽しい人ばかり集まるんだけど、それはなぜかというと、俺が常に楽しい波動を出しているからです。

俺の楽しい波動に共鳴するのは、楽しい人だけなんだ。

それと人間だけじゃなく、植物や動物もみんな波動を持っているから、ペットなんかでも自分の波動と近い動物がきてくれるんだよね。

要は、お互いの波動に共鳴するとシンクロニシティ（虫の知らせのような偶然の一致）が起きるの。

その結果、同時に同じことを考えるとか、同じところに行くとか、偶然の出会いをすることがある。

例えば、なぜかYouTube《ユーチューブ》（動画共有サービス）やなんかで俺の話を聞いてくれたり、俺の本を手に取ってくれたり、俺のお弟子さんの講演会にきてくれたりね。

そうやって、自然と同じ波動のものが引き合うようになっているんだ。

強い波動を出せば相手を変えられる

シンクロニシティだけでなく、波動には〝相手の波動を変える〟働きもあります。

あなたの楽しい波動は、周りの人を楽しくさせる力を持っているし、その反対に、あなたが暗い波動を出せば、そのせいで周りのムードも悪くなる。

じゃあ、明るい波動の人と、暗い波動の人が一緒にいる時はどちらの波動に影響されるんですかって、より強い波動に影響されるんだよね。

明るい人の方が強い波動を出していれば、暗い人を明るくさせることができるし、暗い人の波動が強い時は、明るい人が暗くなっちゃうの。

人は自分以外の誰かを変えることはできないけど、唯一、波動の力を借りればそれが可能なんだ。

あなたが超強力な明るい波動を出せば、どんなにムカつく嫌なやつでも、なぜかあなたにだけは嫌なことをしなくなる。

何を言っても悲観的な考え方しかできない人が、なぜか笑顔になる。

だからもしあなたの周りにネガティブな波動を出す人がいる時は、そばにいるあなたがとにかく明るい波動を出せばいいんです。

そのために、あなたはひたすら楽しく遊んで、好きなことをしなきゃいけないよ。

だってそうじゃなきゃ、超強力な明るい波動は出せないでしょ？

あなたが楽しく遊ぶのは、周りの人を救うためでもあるんだ。

ちなみに、家族みたいに縁の深い関係にある人同士は、遠く離れて住んでいても波動は伝わるんです。

実際に、あるお母さんが「今世、好きなことをして楽しもう！」って東京で遊ぶようになったら、佐賀県に住む病気がちの息子さんが、どんどん元気を取り戻したっていう例もあります。

誰かを元気づけたい時に、言葉はいりません。

じっくり話を聞いたり、何かアドバイスをしようとしたりしなくていいんです。

悩んでいる人、落ち込んでいる人に必要なのは、あなたの明るい波動なの。

もちろん、切羽詰まった状態の時は適切な対処が必要だけど、そうじゃなければ、相手が何を言っても聞き流して、あなたは遊びに行けばいい。

で、楽しかったこと、面白かった話を、機関銃のようにするの（笑）。

相手が聞いていようがいまいが関係ありません。

とにかく相手のネガティブなペースに乗らないで、一方的に楽しい話をしまくるんだよね。

そうやってあなたが超強力な楽しい波動を出せば、どんなに落ち込んでいる人でも、必ずあなたの波動に影響される。

これほどの特効薬はないよ。

病気じゃない。個性なんだ

最近、テレビや新聞でよく「注意欠陥・多動性障害（ADHD）」について見聞きします。

注意欠陥・多動性障害というのは、集中力がない・気が散りやすい・落ち着きがない・順番を待てない……といった特徴があるんだけど、外見は普通の人と変わりないの。

だから、障害に対する周りからの理解が得られにくく、生きづらさを感じている人が多いっていう話なんだよね。

誤解を恐れずに言うとね、こういう場合はまず、周りの人にわかってもらおうとしないことだよ。

わかって欲しい、理解してもらいたいって切望するからつらくなるんです。

つらい時って、みんな「誰か1人でもわかってくれる人がいたら……」とか言うんだけど、そこをあえて「1人もわかってくれなくていい」と思ってごらん。

なぜそんなことを言うんですかって、**あなたの一番の理解者は、あなたなんだよね。**

ほかの誰かじゃない。

あなたが自分を守ってあげないで、どうするんだいって。

それと波動の話をすれば、あなたが「周りに理解して欲しい」と強く思えば思うほど、周りに理解されない自分へのネガティブな感情が大きくなるんです。

つまり、「誰にも理解してもらえない」っていう波動がバンバン出ちゃってるの。

そうすると、ますますあなたを理解してくれる人は出てこないよ。

だから、周りに理解してもらいたい人こそ、「自分が自分の一番の理解者なんだ」という気持ちが必要なんです。

でね、そもそも注意欠陥・多動性障害なんて難しい名称がつけられているけれど、俺に言わせると、そんなの病気じゃないよ。

最近はいろんな症状にすぐ病名がつけられるけど、どれも個性の1つにすぎないの。

個性は、あなたという完璧な人間の一部。

だからみんなに迷惑をかけて申し訳ないとか、そんなことを思う必要はないんだ。

確かに、学校の先生や上司にとっては、扱いづらいところがあるかもしれない。

でもそういう個性のある人って、興味のある分野とか、特定のジャンルでは驚くような能力を発揮することがあるんです。

先生や上司には、そっちに目を向けてもらいたいよね。

周りの人に申し訳ないと思うなら、あらかじめ「私はこういう個性だから、迷惑をかけてしまった時はごめんなさい」と言っておけばいいんです。

で、それをわかろうとする人がいないんだったら、そこはあなたにふさわしい場所じゃないってことだから、もっと自分らしくいられる場所に行った方がいい。

自分らしくいられる場所が、絶対ほかにあるからね。

対処の仕方が問題なんです

人との約束をなかなか守れないとか、遅刻グセが直らないとか、みんないろんな個性があります。

そういうちょっと扱いにくい個性を持っている相手に対しては、最初から「こういう個性の人なんだ」と思ってつき合えばいいんだよね。

例えば、飲み会をすることになったとします。

その中に、しょっちゅうドタキャンする人がいたら、前もってお金をもらっておけばいい。

そうすればドタキャンされてキャンセル料が発生したとしても、誰も困らないよね。

要は、相手のせいで困ったことが起きないように対処すればいいんです。

ドタキャンする人は誘わないとか、誘うんだったら先にお金をもらっておく。遅刻グセのある人だったら、実際の時間より早めに伝えておくとか。

相手に振り回されないようにする方法はいくらでもあるのに、そういう対処をしないで振り回されるのが問題なんだよね。

相手の個性に問題があるわけじゃないんです。わかるかな?

もちろん、その人とつき合ってあなたが何ひとつトクすることがないんだったら、そもそも無理してつき合う必要はない。

一緒にいて楽しいとか、学ぶことがあるとか、何かあなたにメリットがあればつき合えばいいんです。それだけの話だよ。

人のお金に口を出すもんじゃない

目的があってお金を貯め始めたのに、いざ貯まってみると、もったいなくて使えなくなった……っていう人、いるんじゃないかな？

そういうのは貧乏考えですかって、そんなことはありません。

あなたのお金は、あなたの好きに使っていいの。

あなたが稼いだお金は、あなたに１００％権利があるし、あなたの責任で好きなように管理すればいい。

パーッと飲みに行くもよし。ギャンブルをしたり、宝石を買ったり、貯金したり、どうしようとあなたの自由です。

あなたのお金に口出しできる人は、世界じゅうに誰もいないんだよね。

途中でお金の使い道を変えたって何も悪くない。

悪いことがあるとしたら、それは人のお金に口を出すことなんだ。

俺ね、子どもの時に髪の毛の長い人を見て、「床屋へ行った方がいいよ」って言ったことがあるの。

そうしたら、お袋にこう言われたんです。

「ボクちゃん、人のことに口出しする時は、お金も出すんだよ」

俺は軽い気持ちで「床屋へ行ったら？」って言ったんだけど、ひょっとしたらその人はお金がなくて床屋へ行けないのかもしれないよね。

その時、俺は、人にはいろんな事情があるということを知ったの。

人それぞれ、経済状況やお金の使い方は違う。

自分のお金をどう使おうが自由なんだから、こっちの都合で人の財布をこじ開けるようなことはしちゃいけないんだって。

もし人のことに口を出すんだったら、相手が財布を出さなくてもいいように、こっちがお金を出すべきなんだよね。

それができないんだったら、最初から口も出しちゃいけない。

もちろん、誰もあなたのお金に口出しできない代わりに、自己責任は伴います。

お金を全部使って困ったとしても、自分の責任なの。

それで借金をするようなことがあっても、借金したらどうなるかということを、あなたは学ばなきゃいけないんだよね。

学びのために借金をするわけだから、いくら周りが借金はダメだと言っても、その時は借金をやめられない。

人はそうやって、自己責任を学ぶようになっているんです。

周りの脅しに乗っちゃいけないよ

一人さんは昔から、自由に生きなきゃ幸せになれないよって言い続けています。

ところが、頭ではそれが理解できても、なぜか自由に生きられない人がいる。

それはなぜかと言うと、真面目すぎるんだよね。

自分で真面目じゃなきゃいけないと思い込んでいる場合もあるけど、たいていは、周りに口うるさい人がいるの。

真面目を押しつけてくる、すっごく嫌なやつがいる（笑）。

人が何か始めようとすると、すぐ「そんな甘い考えじゃうまくいかない」って脅《おど》す。

ちょっとうまくいった人がいると、「今回は運がよかったけど、もっと努力しないと次は失敗するよ」って水を差す。

そうやって余計なお節介ばかりするけど、あなた自身はどれだけ成功したんですかって言いたいね（笑）。

悪いけど、こういう嫌なやつの脅しは無視するに限るよ。

そもそも脅しって、恐怖から生まれるんだよね。

失敗しちゃいけない、間違っちゃいけない、人に迷惑をかけちゃいけないっていう恐怖。

脅しに乗るって、相手から恐怖の波動を受け取るのと同じことなんです。

それって、ものすごく怖ろしいことだよ。

恐怖の波動を受け取るということは、もっと恐怖を感じるような出来事を引き寄せちゃうわけだから。

どんなことでも、成功するには情熱がいるんです。

あなたが情熱の波動を出せば、必ず、もっと情熱を傾けたくなるような現実が引き寄せられる。それが成功なの。

じゃあどんなことなら情熱が持てるかというと、自由に、楽しくできることだよね。

だからこそ、好きなことしかしちゃいけない。

成功したかったら、人の脅しに乗ってる場合じゃないんです。

おしゃれが大好きな人は、誰かに「無駄遣いばかりしないで、もっと有効なお金の使い方をしたら？」なんて脅されても無視するんだよ。

もしあなたが脅しに負けて、突然「世界平和のために洋服代を節約して、そのぶん寄付をします」みたいな真面目なことを言い出したら、あっという間に不幸になっちゃうからね（笑）。

いや、いいんだよ。あなたが本当に寄付をしたいのであれば。

あなたは、自由に好きなことをしていいんです。

楽しめば楽しむほど豊かで幸せに満ちた人生になるし、それが周りの人のためでもあるんだ。

成功したら目立つのは当たり前

ちょっと成功すると、周りから「そんなに目立つと苦労するよ」なんて聞こえてくることがあります。

日本人はすぐ「目立っちゃいけない」「自分を出しちゃいけない」って言うけど、成功したら目立つのは当たり前なんだよね。

木だって成長すれば大きくなるし、周りの木より大きくなれば、目立つのはしょうがないんです。

目立っちゃいけないって言うんだったら、そういうあなたが目立たなきゃいいだろって話だよ（笑）。

俺は自由にしたいんだから、指図するなよって（笑）。

人生に口を出していいのは自分だけ。

人にとやかく言われる筋合いはないんです。

誰かに「目立つな」なんて押さえつけられそうになっても、気にしないで自分の思う通りにすればいいんだ。

人の忠告を無視すると「あなたのためを思って言ってあげているのに！」って怒りだす厄介な人もいるだろうけど、怒りたい人は怒らせておけばいい（笑）。

というか、そもそも目立ちたがっている人に「目立つな」と言うこと自体、相手が先にこっちを怒らせているんだよね。

あなたが先に人を怒らせて、それがそのまま自分に返ってきただけだよって（笑）。

お節介な人を怒らせないようにしようと思ったら、こっちが折れて相手に従わなきゃいけない。

なぜそんな我慢をしなきゃいけないの？

誰からも指図なんてされたくないよね。

相手の意見を無視するのは気が重いかもしれないけど、**それに負けないで自分の意志を貫いていたら、やがて誰も余計なことは言ってこなくなる。**

だから、その先はすごく楽になるよ。

そもそも、「目立っちゃいけない」「目立つからやめた方がいい」っていう圧力をかけてくる人って、本当はあなたのことを自分より目立たせたくないだけなの。

自分以外の人が目立つのが嫌だから、そういうことを言うんだよね。

要は、暗黙のうちに「あなたは私より下だ」って言いたいんです。

「あなたのためを思ってアドバイスするけど」なんて言いながら、本当は自分より下に見ている。本当に嫌な性格だね（笑）。

そういう人の言うことには、それこそ絶対に耳を傾けちゃいけないんだ。

もちろん、目立たないように生きた方が幸せな人は、自分の意志で目立たないように生きたらいいだけの話なんだよね。

俺たちは、自分の好きなことを楽しみ、思う通りに生きて、幸せになるためにこの地球に生まれてきたの。

目立とうと目立つまいと、どちらでも自由なんです。

自分の意見を人に強制せず、みんな好きなように生きたらいいんだ。

弟子が師匠より目立ってもOK！

以前、一人さんがジャガー（イギリスの高級車）に乗っている時、お弟子さんも同じジャガーを買って乗ってたことがあるんです。

そうしたら、「弟子は師匠より地味な車に乗るものだ」とか言う人がいたんだよね。

弟子は師匠より目立つなってことらしいんだけど。

別に俺は、お弟子さんがヘリ（ヘリコプター）を買おうが、ジェット機を買おうが、何したってかまわないよ。

だって俺に買ってくれと言うわけじゃないんだから（笑）。

というより、お弟子さんがそれだけ豊かなんだとしたら逆に嬉しいよね。

お弟子さんが何を買おうと、俺より目立とうと関係ない。

それぞれの自由なんだ。


一人さんってすごく質素なの（笑）。

高級なお店よりも定食屋さんとかお蕎麦《そば》屋さんが好きだし、お寿司屋さんへ行っても安いネタを食べている（笑）。

もちろん、それはケチな節約とかじゃなくて、好きなものがたまたま安いだけだから、俺は幸せなんです。

ただ、自分がそうだからって、弟子にそれを押しつけるようなことは絶対にしません。

「もっとおしゃれを楽しみな」

「欲しいものがあれば買ったらいいよ」

って、自由にさせてあげる。

自分で言うのもなんだけど、世の中に、弟子をこんなに伸び伸びさせているお師匠さんはいないだろうね（笑）。

恵美子さん（一人さんの弟子・柴村恵美子さん）って、もともと歌手になるのが夢で、ものすごく有名になりたい人なんだよね。

それが高じて、こないだなんてハリウッドでミュージックビデオの撮影までしちゃったんです。

このビデオをYouTubeで紹介したらものすごい話題になって、日本のテレビ番組をはじめ、アメリカの人気ラジオ番組からも出演依頼がきて大忙しなの。

俺なんかより、よっぽど目立ってる（笑）。

でもね、有名になりたいんだから、とことん有名になればいいんです。

で、大事なお弟子さんが夢を叶《かな》えようとしているんだから、俺は全面協力するの。

恵美子さんみたいな人は、有名になる道でうまくいくようにできているし、目立ちたくない人は、目立たない道で成功するようになっている。

好きなように生きれば、みんなうまくいくんだ。

外見と人間性は関係ない

昔ね、外国の映画を観て、スゴいなぁと思ったの。
オフィスのシーンになった時、ある男性が上司に呼び出されたんだよね。
そしたらその男性、上司の前でガムをクチャクチャ噛《か》んでいるんです（笑）。
それだけでもびっくりしたのに、上司は普通に用件を伝えて終わり。
えっ、部下がガム食ってるのに咎《とが》めないの⁉
日本だったら、どんなに仕事ができる人でも許されないだろうね。
ガムなんかクチャクチャしたら、間違いなく上司の逆鱗《げきりん》に触れます（笑）。
上司の前でガムを嚙もうがどうしようが、それと仕事の能力は関係ないのに、
絶対に許されない。

日本は体面を重んじるから、仕事とは関係ないことでいちいちうるさすぎるんです。

学校だってそうだよ。これだけ自由な時代になったのに、いまだに学校は、生徒の髪型や服装にうるさいらしいんだよね。

だけど髪型や服装は、その子の人間性とまったく関係ない。

大人はすぐ「子どもを自由にさせたら不良になる」とか言うけど、じゃあ自由を奪うと不良はゼロになるんですかって。

言っちゃ悪いけど、昔は今以上に自由がなかったのに、不良はいっぱいいたよ（笑）。

むしろ、今の方がよっぽど不良は減っているんじゃないかな。

これはどういうわけだ、実証されてないだろうって（笑）。

だいたい子どもたちを信じないのって、生徒に失礼です。

髪型や服装で縛りつけなくても、みんないい子なの。

いい子なのに、なぜ髪型や服装を問題にして、悪い子のレッテルを貼るの？

女子は制服のスカートが長いと怒られて、短くても怒られる。

先生がメジャーを持ってきて、わざわざスカート丈を測るんだよね。

そういう景色、俺も学生時代によく目にしたけどね、もし一人さんが教師だったら、女子は全員、Ｔバック以外は許さないよ（笑）。

もちろん、男子のＴバックは禁止です。

男のＴバックなんか見たくもないからね（笑）。

なんて冗談だけど、髪型やスカート丈にいちいちうるさいって、俺にしてみればそんな冗談と同じくらい違和感があるんです。

今の子どもたちって、髪の毛を染めるのはファッションの一環なの。

不良で金髪にしているわけじゃないんだよ。

自由にさせたからって、とんでもないことなんて起きるわけがない。

金髪だろうと、茶髪だろうと、黒髪だろうと、優しい子は優しいんです。
見た目と人間性は関係ないんだから、人を外見で決めつけちゃいけない。
みんな、自分に似合う髪型や洋服があるんです。
自分に似合うファッションを楽しんで、何がいけないのって話だよ。

第4章

人と違う解釈をすれば真実が見えてくるよ

世の中は必ずペアになっている

ある人が小学生の時、担任の先生にこんなことを言われたそうです。

「暖かい春に咲く花ではなく、寒い時期に咲く、梅の花のような人間になりなさい」

寒風に耐えながら花を咲かせる梅になるというのは、おそらく「どんなにつらくても、じっと耐え忍んで輝きなさい」というような意味でしょう。

その人はずっと先生の言葉を信じて生きてきたんだけど、ある時、一人さんの教えに出合ってびっくり。

なぜかって、努力はいらないとか、我慢しちゃいけないとか、先生の言葉とは真逆のことばかりだから（笑）。

もちろん、この先生の言うことが間違っているわけじゃないんだよ。

つらくてもじっと耐え忍ぶのが好きな人は、そうすればいい。

その人にとっては、それが正しいの。

だけど一人さん流で言うと、梅は、寒い季節が好きなだけなんです（笑）。

無理して寒い時に花を咲かせているわけじゃない。

梅は、梅の都合で咲く。麦は、麦の都合で実をつける。

世の中は、全部そうなっているんだよね。

寒い時期に花を咲かせるのには、何か梅に都合のいいことがあるからだよ。


ハチドリっていう、体長10㎝くらいの小さな鳥がいるの。

くちばしがストローみたいに細長くて、花の中にくちばしを差し込んで蜜を吸うんだけど、そのハチドリが蜜を吸うのに適した花があるんだよね。

例えば、長い筒状の花の場合は、長いくちばしを持っていなければ蜜を吸えないから、ハチドリにとっては食料をめぐってほかの鳥や昆虫と争わなくていいというメリットがあります。

一方、花にしてみれば、ハチドリは花粉を運んでくれる大事な媒介者《ばいかい》なの。

ハチドリは自分に都合のいい花の蜜ばかり吸いに行くから、まるでお抱えの花粉媒介者みたいな感じで、効率的に受粉してもらえるんです。

自然界には、こんなふうにお互いに利益がある「ペア」がたくさんあって、それによって進化しているんだよね。


「梅の花」と「寒さ」にしても、何か理由があってのペアなんです。

梅の花は自分にメリットがあるから寒い時に咲いているだけで、俺たちが拍手喝采《かっさい》して真似るようなことじゃないの。

みんなそれぞれ都合がある。

表面的なことだけで判断しちゃダメなんだ。

弱気は相手をつけあがらせるだけ

ある女性が、こんなことで悩んでいたんです。

「夫は収入が高いことを鼻にかけ、私がちょっと家事や育児を頼むと嫌な顔をします。

稼ぎもないのに、家のことを押しつけるなって。

横暴な夫に、思いやりを持って欲しいと思っても難しいでしょうか？」

こういう場合、相手が思いやりを持ってくれることを期待してもしょうがないの。

そんな偉そうな旦那には、こう言ってやればいいんです。

「家のことを手伝わないんだったら、もっと稼いで家政婦を雇ってよ」

あのね、女性だってものすごい高収入の人はいっぱいいるんだよ。

女性が本気になって仕事をすれば、旦那なんかよりはるかに稼げます。

それをしないで家のことを引き受けているんだから、私が仕事をして得られるくらいの生活費は渡せってキレちゃえばいいの（笑）。

で、それができないんだったら、偉そうに威張るなって（笑）。

要は、言われっぱなしになっているのがいけないんだよね。

あなたが弱気な波動を出すから、それが旦那をつけあがらせているの。

残念だけど、あなたは旦那にナメられちゃっている。

何を言っても、どうせこいつは反論しないだろうって思われているんです。

だけど今まで黙って耐えてきた人は、なかなか言い返せないかもしれないよね。

そういう場合はどうしたらいいんですかって、まずは気持ちだけでも強く持ってごらん。

何も言い返さなくたって、日頃から「私だって言う時は言うからね！」と思っているだけで、あなたの波動は強くなります。

それが旦那に伝われば、間違いなく嫌な言動は減っていくはずだよ。

日本人は米に働かされている⁉

ものごとって、たまに反対側から見るとすごく面白いんです。

例えば日本人って、自分たちが主食として米を選んだと思っているけど、そう思い込んでいるのは人間だけだよ。

日本人は、米に選ばれた。

日本人は、米に働かされている。

一人さんは、そう思っているんだよね（笑）。

だって日本人ほど勤勉な民族はいなくて、どんなに暑かろうが寒かろうが、サボらないで田んぼを耕したり、手入れをしたりするでしょ？　除草だって手を抜きません。

そのおかげで、米はしっかりと種が保存されるんだよ。

しかも日本人は研究熱心だから、各地の気候に適した品種をどんどん生み出す。

だから米の方も、ずっと日本人の主食であるために、時代とともに少しずつ味を変化させているの。

日本人が「やっぱり米が一番だよなぁ」って思うような味に、米が自ら調整しているんです。

もちろんこの話は冗談だよ（笑）。

だけどそう思うと面白いじゃない。

日本人が米に選ばれたとか、働かされているなんて、一人さんのほかには誰も考えたことがないだろうね（笑）。

そんな馬鹿げた話を考えてもしょうがないと思う人がいるかもしれないけど、こういう突き抜けた斬新な思考があってこそ、いろんなアイデアが湧くんじゃないかな。

だから俺は子どもの頃から、ものごとに対する視点をいくつも持つようにしてきたんです。

いろんなことを、人の反対側からも見てきたの。

世の中で起きることを、「これは本当だろうか？」っていう視点で見てみると、全然違う景色が広がっている。

人と違う解釈をすることで、思いもよらない真実が見えたりして、ものすごく面白いんだ。

「トクしてトク取れ」が正解

「損してトク取れ」という言葉があります。

一般的には、「目先のトクにとらわれると損をすることがある」「今は損をしても、将来的にはトクをすることがある」というような意味で使われるんだけど。

これね、一人さん的にはすごく違和感のある言葉なんです。

トクを取るために、どうして損をしなきゃいけないんだろうって。

今ここでトクを取ったって、明日も明後日も、将来的にもずっとトクをする。トクするために、損をする必要なんてないんだよね。

「トクしてトク取れ」

これが正解なんです。

そんなこと可能なんですかって、実際に俺はそういう人生を歩んできたよ。


例えばラーメン屋さんがオープンする時に、「最初の3日間は、ラーメン1杯30円」っていうサービスをするとします。

でも30円という値段が目当てでくる客は、そのラーメンが正価になった途端にこなくなるんだよね。

1杯30円のラーメンで宣伝すれば、知名度が上がったり、1回食べてくれたお客さんがリピーターになってくれたりして、お店が繁盛するだろうと踏んでいたのに、ふたを開けてみたらお客さんが全然きてくれない。

これじゃ、損して損を取っているだけです。

うまいラーメンを出す自信があるんだったら、ヘタにサービスしないで、最初から正価で勝負すればいいの。

７００円のラーメンでも、お客さんに「これだったら１０００円の価値がある」と言ってもらえるラーメンを提供すれば、そのお店は絶対に繁盛するんだよね。

お客さんにとっても、１杯30円でラーメンを食べられることがトクなわけじゃないんです。

うまいラーメンがいつでも食べられることが、本当の意味でお客さんのトクになるの。

この本だって、タダで配ったって、読む価値もない内容だったら誰も欲しがらないよ。

１０００円以上出しても惜しくないだけの価値があるからこそ、みんなが欲しいと思ってくれるんだよね。

いいことはみんながトクするようになっている

そもそも、損してトクが取れることって本当にあるんだろうか。

1つでも実例があればわかるかもしれないけど、少なくとも俺はそういう実例を見たこともないし、聞いたこともない。

だから全然理解できないんだけど、もしみんなも実例を見たことがないんだとしたら、それでなぜ「損してトク取れ」という言葉を信じているのか、不思議でしょうがないんです。

じゃあ、なぜ「損してトク取れ」なんて言葉が生まれたんですかって、その言葉を作った人が未熟だったんじゃないかな。

で、聞いた人も未熟だったから、その言葉を信じちゃった。

そうとしか思えないんだよね。

いいことって、絶対にみんながトクするようにできています。

誰も損をしないものなんです。

人に親切にしていると、時々「お人よしだね」なんて言われることがあるけど、人に親切にしたからって、損をしているわけじゃない。

だって人に優しくすると、自分だって気持ちいいでしょ？

そのうえ相手にも感謝される。

お互いにトクなんです。

いいことっていうのは、本来、こんなふうにトクしてトクが取れるようになっているの。

それをお人よしだなんて言う人は、誰かに何かしてあげることを、労力を消耗するだけの損失だと思っているんだろうね。

で、そういう人が誰かに親切にする時って、何か自分の利益を期待していて、しぶしぶ労力をかけているんだと思うよ。

言っちゃ悪いけど、そんな考えの人は、何をしても成功できません。

だってその「しぶしぶ感」は、間違いなくその人の波動となって出るし、その嫌な波動が引き寄せるのは、やっぱり嫌な出来事だから。

うまくいく人というのは、労力を消耗するとか、損するとか、そんなこと思ったりしないよ。

人間として当たり前に、誰にでも優しくしたいとか、自分が誰かの役に立つことがあるんだったら力を貸してあげたいって思うものなんだ。

健全経営だから嫌な仕事が断れる

今の話の続きなんだけど、ある人がこう言ったの。

「小さい会社ながらも、成功している経営者がいます。

その人は以前、商売で大きな契約が取れそうになったことがあるのですが、契約書にサインをする直前に〝この相手と仕事をすると、嫌なことを我慢し続けることになる〟という事実を知り、悩みながらも契約をしなかったそうです。

ところがその契約をしなかったことで、後にもっと大きな契約が取れた。

こういうケースは、損してトクを取ったことにならないのでしょうか？」

あのね、こういう場合はそもそも、「損してトク取れ」とか「トクしてトク取れ」とか、そういう問題じゃないの。

日頃の経営体質が問われる場面なんです。

この経営者は、たまたま次に大きな契約が取れたからよかったものの、次にいい仕事がこなかったらどうするんだい？

そう思えば、経営者は運まかせみたいなことをしちゃいけないんだよ。

日頃からしっかりした健全経営をしてなきゃいけない。

借金だらけで明日の支払いにも困るような会社だったら、嫌な客にも頭を下げなきゃいけなくなるし、どんなに嫌な仕事でも断れないよね。

それを嫌な仕事だからって断れるのは、ちゃんと無借金経営でやっているとか、経営がしっかりしているからです。

腹が減ってどうしようもない人は、「このパンは少し傷んでるよ」と言われたって食べちゃうよね。

背に腹はかえられないから、腹痛を起こす可能性があろうとなかろうと、餓死するよりはマシだと思って食べるの。

だけど普段から十分な食料を備蓄している人なら、傷んだパンは絶対に食べないでしょ？　それと同じです。

どんなに小さい会社だろうと、屋台骨がしっかりしていたら、へんてこりんな客がきても「あんたの仕事なんか受けないよ」って断れるんだよね。

その場だけの問題じゃない。

ずっと前からの経営体質がものを言うんだ。

お金の勉強は3歳から始めても早すぎないよ

一人さんは子どもの時、１日20円のお小遣いをもらっていたんです。

当時、子どものお小遣いは１日５円とか10円くらいが相場だったから、20円というとかなり多い方だったんだけど。

でね、ある時からお小遣いが月額制になったの。

１カ月に６００円。

何も考えずに使うと、だいたい月の前半でお金がなくなっちゃうから、後半になると苦しくなるんです。

そのことで学んだの。

１日20円ずつもらうのと、１カ月に１回６００円をもらうのとでは、どうお金を使うかっていう計画の立て方が全然違ってくるんだなって。

こうして計画性が身につくと、お年玉やなんかで臨時収入があっても、自然と「これをどう使おうか」って考えられるようになるんです。

今回は1000円だけ使って、残りは貯金しておこうとか。

子どもなりに、計画しながらお金を管理する。

それと普段は毎月のお小遣いだけでやりくりしなきゃいけないけど、臨時収入があると貯《たくわ》えが増えて自由度も高まるから、嬉しくて、臨時収入のありがたみもよくわかったんです。


でね、1カ月に1回お小遣いを600円もらうんだけど、自分できちんとお金を管理しているうちに、あることに気づくの。

今月は31日まであるのに、600円しかもらえないのはおかしいぞって（笑）。

31日まである月は、20円損していることになるよね？

うちの親父の面白いところってね、そういうことを自分で気づかせるために、あえて600円しか渡さなかったんだよね。

小さい子どもだって、自分のお金を自分で管理させると、ちゃんとお金の大切さや計画性を覚えるんです。

じゃあ何歳くらいからお金を管理させたらいいんですかって、**３歳頃から徐々に慣れさせていくといい**。というのが一人さんの考えです。

俺は商人だから、お金のことを学ばせるのは早い方がいいと思っているの。

商人は、お金に慣れ親しんでなきゃいけないから。

サラリーマンは会社がお金の管理をしてくれるけど、商人はそうはいかない。

お金は使いすぎるとなくなって困るとか、必要なお金は取っておかなきゃいけないとか、全部自分の責任なの。

だから小さい時からお金に慣れておいた方がいいんです。

もちろん、子どもが将来どんな職業に就《つ》くかなんてわかるはずがありません。

でも商人になる可能性があることを考えると、早いうちにお金に慣れ親しんでおいた方が安心だよね。

3歳は早すぎると思う人がいるかもしれないけど、世間では英語だってピアノだって勉強だって、3歳くらいから習わせた方がいいとか言われている。それと同じなの。

早いうちに子どもにお金の管理をさせると、実はお金のことだけじゃなく、人生のいろんなことが自分で決められるようになります。

お金の勉強を通じて、自分らしく生きる力も身につくんだ。

仲良くすることにエネルギーを使わなくていい

人間関係の話になると、自分と相性がいいのは、「笑い（怒り）のツボが同じ人」「好き（嫌い）なものが同じ人」「価値観が同じ人」みたいな特徴が挙げられたりするんだけど。

俺はそういう条件を気にしたことがないんです。

というか、そうやって枠にはめるのは好きじゃないんだよね。

じゃあ聞くけど、どうしたって嫌いな相手が、自分と同じ食べ物を好きだった場合、それって相性がいいということなの？

悪いけど、仮に理論上は相性がよかったとしても、俺だったら相手のことを好きになれないよ（笑）。

結局、世間って誰とでも仲良くさせようとするんです。

そういう腹が見えているから、俺は枠にはめられるのが嫌なんだ。

子どものいじめ問題だって、学校の先生は事情をよく知らないから、相手がいじめっ子だろうが何だろうが「仲良くしなさい」って簡単に言う。

あのさ、人を殴ったり金を取ったりするやつと、どうやって仲良くしろって言うんだろう。

そういう嫌なやつを友達と言わなきゃいけない理由、俺には理解できないの。

日本では、昔から「誰とでも仲良くしましょう」って言うけど、仲良くすることにエネルギーを使う必要ってないと思うよ。

そんなことに大事なエネルギーは使いたくない。

同じ使うなら、俺は自分の好きなことに使いたいんです。

そもそも、嫌いな人を努力して好きになろうとしたって、ますます嫌になるだけだよね。

本当に気の合う相手だったら、意識しなくても相性がいいってわかるし、努力なんかしなくても自然と好きになるものです。

それに親友なんていうのは、一生のうち5人でもできれば御の字だよ。

というか、もっと少なくてもおかしくない。

友達は自然にできるのが当たり前で、無理に作るものじゃないんだ。

星が目立つのは夜空が暗いから

いつの時代にも、どんな世の中でも、社会にはいろんな人がいます。

いい人も、悪い人もいる。

で、何の落ち度もないのに暴力の被害を受けたりすると、なぜこの世には暴力を振るう人がいるんだろうって思うよね。

その答えは、未熟な魂にあるの。

暴力を振るうような人は、魂が未熟だから善悪の区別がつかないんです。

それと、世の中にはうんとひどい人がいるから、いい人の素晴らしさが際立《きわだ》ってよく見える。ということもあるんだ。

夜空が暗いから星が光って目立つのと同じように、悪い人がいることで、いい人の素晴らしさがわかる。

じゃあ、この世から憎しみや怒りが消えることはないんですかって、そうだなぁ……あと1万年くらいしたら、かなり減るんじゃないかな。

ゼロになることはないにしても、ずいぶん少なくなると思うよ。

今、時代は大きく変わろうとしています。

というか、すでに世界は変わり始めている。

これから何が起きるのかというと、人々の魂が目覚めてくるんです。

それによって、みんなもっと自己責任の意味をはっきり理解できるようになる。

自己責任っていうのは、個人の幸せを考えることなの。

みんな自分の好きなことを自由に楽しみたいと考え始めるから、世の中も徐々に、それが可能な形へと変わっていくんだよね。

楽しく遊ぶことが当たり前の世の中になる。

個人の幸せが当たり前になっていくとね、人のことをとやかく言ったりしなくなるんです。


だって自分がうんと幸せで、努力や我慢という苦しみのない世界で生き始めると、自然とほかの人の幸せも願うようになるから。

人は、自分だけ楽しくても、本当の意味で幸せは感じられないんだよね。

自分の大切な人や、周りにいる仲間も楽しんでなきゃ幸せじゃない。

だから人のことに口出しをしなくなるし、ほかの人の幸せを心から願えるようになるんだ。

ただし、今はまだまだみんな楽しみ方が足りない。

世の中を変えようと思ったら、もっともっと楽しく遊ばなきゃいけないよ。

女性は男性よりずっと強いんです

長い歴史の中で、人間は幾度となく戦争を繰り返してきました。

その戦争のきっかけは、ほとんどが男性だったんです。

もとをたどれば、男同士の喧嘩だったの。

で、世界じゅうでなぜ戦争ばかりしてきたかというと、男性は女性より上だと思われてきたからです。

多くの男性は、「男性の方が女性より上」だと思いたいんだよね。

それを見せつけるには戦争しかない。

力で勝負する以外のことで、男性が女性より上だと証明できるものはないから、世界じゅうで戦争が起きていたの。


それもようやく落ち着きを見せているのは、新しい時代に入って、魂の夜明けを迎えたからです。

新時代に生まれてきた若い人たちは、もう男性が上だとか、女性が下だとか考えなくなった。

というより、実は女性の方が強いということを知っているんだよね。

新しく生まれてきた人たちは、最初から魂のレベルが高いから。


女性ってすごいんです。

営業なんかでも、成績の上位はほとんど女性っていう会社も珍しくないくらいなの。

それなのに、いまだに女性の力を認めようとしない男性がいるんだよね。

もちろん男性がみんなそうだと言っているわけじゃないけど、古い人には、女性を下にしか見られない人が多いのは確かです。

なぜ男性は女性が強いことを認められないのかというと、男性が弱いからだよ。

それだけ、男性には余裕がないということなの。

本当に強い人って、優秀な人に「あなたはここが優れていますね」って普通に言えるでしょ？

相手が女性だろうと誰だろうと関係なく、いいところは敬《うやま》える。

ところが弱い人に限って何でも勝とうとするし、ほかの人のいいところが認められない。要は、心が狭いんです。

で、自分は強いんだって誇張したがるの。

その最たるものが戦争なんだよね。

だけどこれからは、戦争もますます減っていきます。

新時代に生まれた人たちは、魂の成熟度が高いから、愚かな戦争はしないんだ。

第5章

ネガティブな感情を一瞬で消す思考法

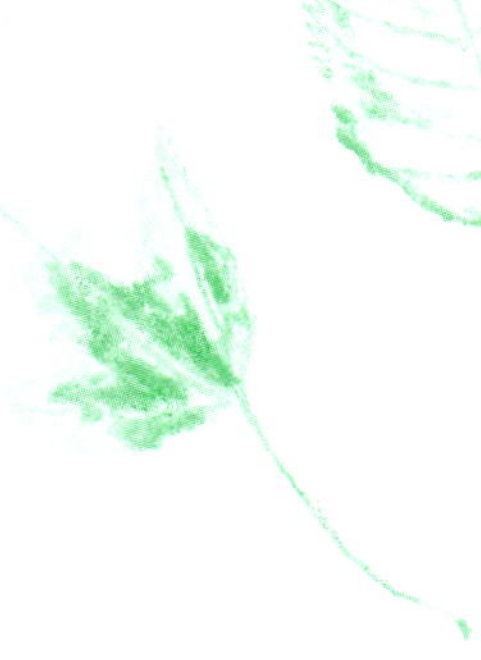

自分に不利な環境でも楽しくする

一人さんって、小学生の頃からまともに学校へ行っていないんです（笑）。

といっても学校そのものが嫌いだったわけじゃなくて、友達がいたから学校へは行きたかったんだよね。

だから不登校とは違うの。

じゃあ、どうしてろくに学校へ行かなかったかと言うと、朝は起きられないから遅刻する（笑）。

起きるのが遅くなると、面倒になってそのまま休むこともある（笑）。

学校へ行った日は、最後までいる時もあるけど、途中でつまらなくなれば早退（笑）。

そんな感じで、行きたい時に登校し、休みたい時には休んで、帰りたい時に帰っていただけなんだよ（笑）。

もちろん、そういう勝手は許されなかったから、周りの大人たちとは戦いです（笑）。

俺が子どもの頃には、不登校の子はほとんどいなかったから、俺は1人で戦ってきたの。

どんなふうに戦ったんですかって、昔は学校に行かないと殴られたんだよね（笑）。

先生に殴られ、親にも殴られ。

とにかく、世間一般で言うところの「常識」に背《そむ》いたり、「間違ったこと」をしたりすると殴られるわけです。

今だったら、体罰だ何だって大変なことになるところだけど、昔はそんな風潮はなかったから、あちこちでゲンコツをもらう。

それでも俺は「殴ったくらいで言うことを聞くと思うなよ」って反抗するの（笑）。

大人と意地の張り合いをしていたんだよね。

で、そういう意地の張り合いを、お互いに面白がっていたところがあった。

今の時代って、誰に対しても理屈が通ります。

学校へ行かない子がいたら、先生はゲンコツじゃなく、理屈を説明して学校にこさせようとする。

親も殴ったりしないで、子どもに理屈で話す。

子どもだって、学校へ行きたくない理由を、理屈を並べて親や先生に説明したりね。

どんな場面でも理屈が通じる、いい時代なんだよ。

でも俺が子どもの時は、理屈なんてほとんど通りませんでした。

それでも一人さんは頑として自分なりの理屈を曲げず、親や先生の言うことを聞かなかった（笑）。

理屈の通らない世界に理屈で挑むって、ものすごく大変だったけど、俺にとってはそれもゲームみたく面白かったんだよね。

自分に不利な環境でも、それを逆手にとって楽しんでいたんです。

根性じゃない。方法論を考えるんだよ

親や先生とのバトルを通じて、学んだことがたくさんあります。

例えば、「自分の意志を通す時には大きな困難がある」というのもその１つ。

さっき言ったように、俺が子どもの時には、学校に遅刻したり休んだりすることに、ものすごく大きな壁があったんだよね。

ゲンコツをいっぱいもらいながら、負けずに理屈で大人たちと渡り合わなきゃいけなかった。

自分の意志を通す時には、こんなにも大変な思いをしなきゃいけないんだなぁって、しみじみ感じたの。

だけど「大変だ、大変だ」ばかり言ってても打開しないから、その状況を面白がったり、楽しんだりしたわけ。

そうやって俺の方が楽しみ始めると、大人たちの方も「お前は口ばかり達者だな」とか言いながらも、しょうがないなっていう目で見てくれるようになるんだよね。

できの悪い子ほど可愛いって言うけど、そういう感じだったの（笑）。

だから俺も、親や先生を嫌いになったことはないんです。

でね、子ども時代にそういうことをしっかり学んだおかげで、大人になってからも困ったことは起きないの。

普通の人にとっては困難に思えるようなことが起きたとしても、俺にとってはたいしたことないんです。

だから一人さんにとって、世の中って甘くてしょうがないんだ（笑）。

学校をサボった時にもらったゲンコツに比べたら、たいていのことは軽く感じられるから、何が起きても簡単に解決できちゃう。

起きたことをゲームみたく楽しんじゃえば、絶対に悪いようにはならないんだ。

一人さんは、別に子ども時代に根性を鍛《きた》えられたわけではないよ。方法論を考える力が鍛えられたの。

世の中は根性がものを言うのではなくて、何か障害が出てきた時には、それをどうやってクリアするか、方法論を考えさえすればいいだけの話なんです。

別に勉強ができなくたって、誰でも、方法論は考えているうちに必ず思いつく。

実際に、一人さんは学校の勉強なんて全然しなかったけど（笑）、人生のあらゆる場面でちゃんと方法論を思いついて、納税額日本一にまでなったんだ。

あなたは本当に悩んでいるのかい？

最近では「下流老人」といった言葉が生まれたり、「老後資金として、自分でも数千万円の用意が必要」なんて言われたりして、老後の不安をあおるようなニュースが多く見られます。

そういう不安をかき立てられるようなことがあると、みんな心配しだすの。だけどはっきり言って、今この本を読んでくれているみんなのように、精神論をちゃんと勉強している人の場合は、なぜかお金に困ることはないんです。

みんな真面目に年金を納めたり、しっかり保険に入ってたりしていて、いざという時の備えはできている。

もし「私は十分な備えができていません」という人がいたとしても、精神論を学んでいる人は、これからちゃんと自分が困らない道へ進んでいけます。

心配する人って、お金があろうとなかろうと心配するんだよね。

それなりにお金を持っていて、老後の心配もなさそうな人に限って「老後にお金が足りなくなったらどうしよう」って悩んでいる。

あのさ、お金があるのに心配するって、あなたはすごく幸せな人だよ（笑）。

ほかに悩むことがないから、無理やり悩みを作ってでも悩みたいんです（笑）。

そういう人は、悩んでいるのが正しいという意識がどこかにあるんだろうね。

人生には悩みがつきもので、悩んでなきゃ人生じゃないっていう、へんてこりんな観念がある。

悩みがないのはいけないと思い込んでいるから、わざわざ自分で作ってまで悩んじゃうの（笑）。

結局のところ、遊びが足りないんだと思います。

もっと遊びに夢中になってごらん。

忙しくて、悩んでる暇なんてなくなるから（笑）。

喧嘩になるのは、喧嘩が必要だから

親が高齢になると、誰が面倒を見るかでもめることがあります。それできょうだい仲が悪くなるのは嫌だから、うまく話がまとまる方法はありませんかって。

残念ながら、そんないい方法はないんです。

スムーズに話がまとまらない時は、いくら話し合ってもみんなが納得できる答えは出ないものなの。

うまくまとまる時はサッとまとまるし、喧嘩になる時はどうしたって喧嘩になる。

というか、喧嘩になる家には、喧嘩が必要なんだよね。

言い争いになるのは、それ以前から、何かため込んできたものがあるってことだよ。

日頃の我慢がたまっていて、それが出てきて喧嘩になるんです。

例えば、「親が亡くなった後、人が変わったみたいに長男が遺産を欲しがる」っていう話があるとする。

ほかのきょうだいに対して、長男が鬼のような態度を取るようになったわけ。話だけ聞くと、さも長男が〝金に執着した嫌なやつ〟みたく見えるけど、本当はそうじゃないかもしれないよ。

長男の話をよく聞いてみるといい。

実はその長男、小さい時からずっと我慢ばかりしてきたとかね。だいたい何かあるんです。

長男だからという理由だけで、小さい時から、ほかのきょうだいの何倍も我慢させられてきた。

そういうため込んだものがあると、親が亡くなったことをきっかけに爆発することがあるんです。

だったら、それは出し切っちゃった方がいいの。

兄ちゃんが我慢してきたことなんて、ほかのきょうだいは知らないんだよね。我慢させている側の人間は、たいてい気づかないものだから。

それを「兄ちゃんは人が変わった」とか言うけど、とんでもない勘違いです。もっと背景にあるものを見なきゃ、真実はわからないんだ。

でね、もし兄ちゃんの気持ちがわかって発散させてあげるべきだと思うんだったら、自分が遺産相続を降りちゃえばいい。

きょうだい喧嘩を避けるには、それしかないの。

ずっと我慢してきた兄ちゃんに、「もう我慢しなくていいよ」「兄ちゃんが欲しいだけ遺産をもらいな」って言ってあげることでしか、喧嘩は避けられないんだ。

これは遺産問題に限ったことではなくて、例えば介護問題なら、「自分ができるだけ面倒見るから、どうしてもダメな時だけ兄ちゃん頼むね」って言ってあげたらいい。

それができないんだったら、とことん喧嘩するしかないんです。

我慢してきたきょうだいの気持ちを知ろうともしないで、自分に都合よく話をまとめる方法を探しても、それは無理です。

喧嘩が必要な家族なのに、もめないようにする方法はない。

もめるのはしょうがないんだよね。

地震のエネルギーと同じで、ものすごく大きな何かがたまっているんだから、それを今ここで吐き出さなかったら、この先でもっと大きな爆発が起きるだけだよ。

あるものは堂々とアテにしていい

遺産といえば、一般的には「親の遺産をアテにするのは情けない」みたいなイメージがあると思うんだけど、そういうイメージ、いい加減やめた方がいいよね。

親の遺産をアテにして何が悪いの？

ない金はアテにできないけど、あるんだからアテにしたっていいじゃない。アテにしようがしまいが、どうせ誰かがもらうわけだし（笑）。親に財産があるんだったら、子どもがそれをもらうのは当たり前なんです。アテにしていいし、それは何も悪いことじゃないんだ。

親が亡くなるとお金が入ってくると期待するのは、どこかで「早く親が死なないかな」と望んでいるようで嫌だと言う人もいます。

でもね、そんなふうに後ろめたさを抱える必要もない。

親だろうが何だろうが、あなたが誰かの寿命を左右することはできないから。

それに、そんなことを気にしていても、ひょっとしたら親の方が長生きするかもわかんない（笑）。

そしたら遺産をもらうどころじゃないよね（笑）。

という可能性もあると思えば、深刻に悩むだけ損だよ。


だいたい多くのお金持ちは、みんな土地だの株だのって親から受け継いでいるんだよね。一代でお金持ちになった人って、そんなにいません。

それに遺産がどうとか言う前に、大学へ行かせてもらったり、専門学校へ行かせてもらったり、親の援助を受けている人は多いよね。

もう就職している子どもに仕送りしている親だっているくらいなんだから。

親って、子どものためにお金を使いたいんです。

お金は親の愛なんだから、ありがたく受け取ればいいんだよ。

嫁姑問題があっという間に解決する方法って？

ある時、年配の女性からこんな相談をされたんです。

「お嫁さんのことが嫌いなわけじゃないけれど、世代が違うせいか、お嫁さんのやることなすこと全部気になります。どうしたら、些細《ささい》なことが気にならなくなりますか？」

簡単な話だよ。

こういうお姑《しゅうとめ》さんは、お嫁さんと喧嘩すりゃいいんです（笑）。

喧嘩しちゃいけないと思うから、我慢することになってつらいんだよね。

別に喧嘩になってもいいと思えば、それだけで少し気が楽になるんじゃないかな。

でね、**根本的に解決するには、このお姑さんがもっと遊べばいいの。**

お姑さんに遊びが足りないから、いちいちお嫁さんの言動にイライラするんだよね。

毎日遊びを楽しんでいたら、遊ぶのに忙しくなるから、お嫁さんが何をしていようが気にする暇がなくなります。

自分が楽しめば、心にゆとりができて、お嫁さんも好きにすればいいと思える。

それを我慢して遊ばないから、お嫁さんのやることなすことにケチつけたくなっちゃうんだよね。わかるかな？

自分が遊んでいると、お嫁さんがいてくれるだけでありがたいと思えるようになるんです。

息子や孫の面倒を見てくれるお嫁さんに、感謝しかなくなる。

だからお姑さんは最低限の家事だけして、あとは遊ぶ時間に回しちゃえばいいの。

家事を完璧にしなければ、ちょっとくらいお嫁さんがダメでも、自分もろくにやってないから文句なんて言えないしね（笑）。

お姑さんが好きなことを楽しめば、お嫁さんも助かります。

お互いのためにも、お姑さんにはどんどん遊びに行って欲しいね。


今までまったく遊んでこなかったお姑さんは、遊び方がわからないかもしれません。

そういう場合は、まず自分の「好き」を探せばいいよ。

人には何か必ず好きなことがあるから、それを探して趣味にしてごらん。

庭いじりが好きな人は、ガーデニングを趣味にするとか。

料理が好きな人は、ちょっとインターネットを勉強して、自分の料理をブログで紹介しても楽しいんじゃないかな。

ひょっとしたら今の時代、そこから料理研究家になれる可能性もある。

そう思うと、ワクワクしてくるよね。

あと、一人さんのおすすめは社交ダンスです。

ダンスはすごくいいよ。

人前で堂々と男女が抱き合えるから（笑）。

人って、抱き合うだけで結構幸せを感じるものなんです。

その幸せを覚えちゃったら、お嫁さんのことなんかどうでもよくなるだろうね（笑）。

言葉は誰がどう使うかで意味が変わる

世の中には、人を喜ばせたり癒したりする言葉がたくさんあります。

もしこの世に「いい言葉」しかなかったら、傷つく人はうんと減るんじゃないかっていう人がいるんだけど、そうじゃないよ。

先に伝えたように、この世にネガティブな言葉が存在するのは、「嫌な人がいるから、いい人の素晴らしさが際立つ」のと同じだから。

ネガティブな言葉があるから、明るくて楽しい言葉のよさがしみじみわかるの。


だけど本当はね、言葉にいいも悪いもない。

言葉自体は、ただの言葉なんだ。

例えば、「バカ」っていう言葉があります。

嫌なやつに「お前バカか？」なんて言われると、本当に腹が立つし傷つくよね。

バカという言葉に、ものすごく悪い印象を受ける。

でも一人さんが「お前はバカだなぁ」って言うと、言われた方は笑っちゃうよ。

あるいは、「バカだね、もっと自分を大事にしろよ」なんて言うこともあるけど、そういう時は、相手の心が癒されて泣いちゃうんだよね。

同じ言葉でも、こんなに印象が変わる。

悪意や蔑《さげす》みが込められた「バカ」には、鋭利な刃物で切りつけられるような、耐えがたい痛みが伴うの。

それに対して一人さんの「バカ」には、愛情や親しみがいっぱい詰まっている。

だから言われた人は傷つくどころか、心が温かくなったり嬉しくなったりするんだ。


じゃあ、なぜ人は言葉を悪い意味で使うのか。

それはやっぱり、魂が未熟だからだよね。

魂が成長していないから、言葉の正しい使い方を知らないんです。

一人さんはよく、

「言っていいことと悪いことの判断がついたら1年生」

って言うんだけど。

間違った言葉の使い方をする人って、魂がまだ1年生になっていないんです。で、魂が未熟な人は、〝人を傷つけるとどうなるか〟ということを、これから体験しなきゃいけない。

その体験には、壮絶な痛みや苦しみが伴うこともあるけど、そこから学びを得て、魂の1年生を目指さなきゃいけないんだ。

男にとって「エッチ」はロマンだよ(笑)

これからの時代、もっともっと自分の好きなこと、楽しいことをしなきゃいけない。

とにかく自分の好きなことを楽しむんだよね。

そうすると、「人に自慢できるような趣味もないし……」とかって悩み出す人がいるんだけど、**趣味が高尚である必要なんてないの。**

大事なのは、本当に自分が楽しいと思えることなんだ。

自慢じゃないけど、一人さんの趣味はエッチな本を見ることだからね（笑）。

女性からすると、エッチな本やビデオの何が面白いんだって思うかもしれません。

だけど多くの男性にとって、「エッチ」はロマンなの（笑）。

女性が買い物するのと同じくらいか、それ以上に楽しい（笑）。


例えば、引きこもりの人やなんかは、「自分はダメな人間だ」とか思いがちなんだけど、全然ダメじゃないよ。

あなたは、引きこもっていても生きていけるくらい幸せだし、引きこもるのが好きだったら、好きなだけ引きこもっていたらいいんです。

で、朝からエッチなビデオを観て幸せだなぁ、とかね（笑）。

人生って、楽しいことが１つでもあれば全然違ってくるの。

引きこもっていたって、好きなビデオが観られたら幸せな気持ちになれるんだよね。
なのに、幸せだと思っちゃいけないように周りが思わせる。
いつまでも引きこもっていたら大変だぞって、追い詰めて追い詰めて……。
あのさ、そうやって周りが追い詰めるから、余計に外へ出られなくなっちゃうの。

周りの人はもっと軽い気持ちで、愛を持って見守っていたらいいんです。
というか、口うるさい周りの人も、間違いなく遊びが足りない。
引きこもっている人の心配をするより、まずあなたが遊びなよって（笑）。
自分のことも、人のことも心配しなくていい。
心配する暇があったら、自分の好きなことをして、人生を楽しんでごらん。
それができれば、引きこもっていようが何しようが間違いなく幸せになるし、
心配ごとなんてあっという間に解決するから。

第6章

ちょっとしたコツで人生は大好転する

言葉じゃなく行動を見るんだよ

徳川家康（戦国武将で、江戸幕府の初代将軍）には、このような遺訓があります。

人の一生は、重い荷を背負って遠い道を行くようなもの。
急いではいけない。
不自由が当たり前と考えれば、不満は生じない。
心に欲が湧いた時には、苦しかった時を思い出しなさい。
我慢は、無事に長く安らかでいられる基礎。
怒りは、敵と思え。
勝つことばかり知って、負けを知らないことは自分の身に害を及ぼす。
自分を責めること。

人を責めてはいけない。
足りない方が、やりすぎてしまうより優れている。

（現代文に意訳）

この遺訓を読むと、家康はよほど辛抱強い人だったんだろうなって思うけど、実際はそうとも言えないんです。

だって、もし家康が本当に辛抱強い人だったら、天下を取ろうとして、あっちを攻めたりこっちを追い落としたりしないよ。

何があっても慌てず落ち着き、じっと三河にいたはずです。

ところが、実際はそうじゃなかった。

せっかちでじっとしていられない人だったんだよね（笑）。

家康というと、どっしりとしたイメージがあるかもしれないけど、こういう見方をすると、受ける印象が全然違ってくるでしょ？

それと同じで、人を見る時は、言葉だけを信じちゃいけないの。

その人が何をしているか、行動を見て判断するんだよ。

"いい人"にならなくていいんです

以前、ある人が人間関係に悩んでいました。

「相手はよかれと思って世話を焼いてくれるのですが、こちらにとってはそれが迷惑で……この気持ちをどう伝えたらいいのかわからず、困っています」

こういうのって、波動の問題なんだよね。

自分がいつも明るくて楽しい波動とか、「嫌なことは受け入れません」っていう強い波動を出していれば、迷惑な相手は自然と周りからいなくなるの。

一人さんの辞書には、「ありがた迷惑」っていう言葉がないんです。

ありがたいと思うことはあっても、迷惑に感じることが起きないから。

たとえお節介で過干渉な人がいても、俺はその人の言うことを聞かないの（笑）。

右の耳から聞いたら、そのまま左の耳に抜けていく（笑）。

それでも相手がしつこく何か言ってきたら、はっきり「結構です」って伝えます。

そういう、聞き流したり断ったりできる強さがあれば、そもそもありがた迷惑なことに遭遇しなくなるんだよね。

聞き流したり、断ったりできない人って、〝いい人〟でいなきゃいけないと思っているんじゃないかな。

だけど、いい人になんてなる必要はないよ。

嫌なことを嫌と言ったからって、悪い人間になるわけじゃないから。

もっと自分に正直になっていいんだ。

というより、そうじゃなきゃつらいでしょ？

いい人をやめることで、相手を傷つけてしまうかもしれないと思うんだったら、上手にウソを活用すればいい。

気乗りしないことに誘われた時は、

「その日は用事があるからゴメンね」

みたいな感じで、適当な理由をつけて断るとかね。

それと、**断る時は笑顔もポイントだよ**。

一人さんが人の言うことを聞かない時って、いつも以上に笑顔なの。

普通の人は、相手の意見を受け入れたくない時って、どうしてもこわばった顔や、曇《くも》った表情になるんだよね。

でも一人さんの場合は、満面の笑顔で「うんうん、なるほどね〜」って。

そう言いながら、実際は全然言うことを聞かない（笑）。

当たりは柔らかいけど、自分の意志は鋼《はがね》より強いんです。

だって、俺には俺の意見があるんだもの。

自分の意志に逆らってまで、人の言うことなんて聞きたくないよ。

そういう強い気持ちを持ちながら、表面的には優しく穏やかに見せる。
これが笑顔のマジックなの。
相手を傷つけることなく、自分も我慢しないで済む。
笑顔って、本当にあらゆる場面で役立つんです。
そうやって笑顔で5回も断れば、6回目は誘われなくなる（笑）。
すごく簡単なことだよ。

ブスっとしているから嫌われるんだ

笑顔のない人って、本当に損をするんです。
人の話を笑顔で聞き流せば、相手の言うことを聞かなくても絶対に嫌われない。
ところがブスっとしていると、たちまち「嫌な人」「自分勝手な人」「ガンコで融通のきかない人」っていう印象になって嫌われるからね。

例えば会社を辞める時だって、ブスっとしながら辞めるより、最後まで笑顔の方がいいに決まっています。

たったそれだけで、「惜しい人が辞めちゃったね」って思われるの。

仲間からいい波動をもらいながら辞めるのと、「嫌なやつがやっと辞めてくれた」っていうネガティブな波動をもらいながら辞めるのとでは、あなたのその後の人生にだって関わってくるよ。


いい波動をもらいながら辞めた人は、次の会社でも絶対にうまくいきます。

反対に、嫌な波動をもらいながら辞めた人は、その後どんな仕事をしようとうまくいかないだろうね。

うまくいかない人に限って「会社を辞めると言ったらみんなに意地悪された」とか被害者じみたことを言うんだけど、本当はそうじゃないんです。

会社を辞めるから嫌われたわけじゃなくて、あなたが人に嫌われるような表情や言葉、態度をとったからだよ。
だって、会社を辞めると言っても、最後まで惜しまれる人もいるでしょ？
どんな時でも、感じよく笑顔を心がけるの。
たったそれだけのことで、人生は激変するんだ。

まず幸せになってから行動してごらん

普通の人って、みんな何かがなきゃ幸せになれないと思っているんだよね。
お金があったら幸せ。
恋人がいたら幸せ。
勉強ができたら幸せ。
いい仕事に就けたら幸せ。
みたいに思うでしょ？

だけど何もなくたって、理想の状態にならなくたって、今この瞬間にあなたはいくらでも幸せになれるんです。

じゃあどうすればこの瞬間から幸せになれるんですかって、一人さんがいつもTバック姿の美女を想像して楽しんでいるように、あなたも自分の好きなことを思い浮かべてごらん。

そうすれば、間違いなく一発で幸せな気持ちになれるんだよね。

そんな小さい幸せじゃどうしようもないって言う人もいるけど、それは違うよ。

小さい幸せでいいから、とにかくこの瞬間に幸せになるの。
その幸せが、芋づる式にどんどん大きな幸せを呼ぶんだ。

小さい幸せだって、幸せの波動が出る。

その波動で、もっと幸せになるようなツキが引き寄せられるんです。

いい仲間ができたり、いい仕事に出合えたり。

まず幸せになった状態で行動するのと、ネガティブな波動を出しながら行動するのとでは、同じことをしても結果は全然違ってきちゃうよ。

それとね、なかなか幸せを感じられない人って、「幸せになるのはいけないことだ」と誰かに思い込まされてきたんだよね。

例えば、親は子どもがゲームばかりしていると怒る。

だけど親が子どもの時には、今みたいなゲームがなかっただけで、もしあれば絶対に夢中になったはずなの（笑）。

子どもがゲームをしたがるんだったら、やらせてあげたらいい。

ゲームをして幸せを感じていると、その幸せが、次の幸せを呼ぶんです。

それを親が怒ってゲームを取り上げると、子どもは「幸せになるのはいけないことだ」という意識を植えつけられちゃうの。

楽しいことはしちゃいけない。我慢して勉強しなきゃいけないんだって。

そういう意識がどんどん積み重ねられてしまうんだ。

ゲームばかりさせて大丈夫なんですかって、心配しなくても人生は何とかなる。

楽しんでいれば、人生がよくなることはあっても、悪いようにはならないんです。

それでも心配する親がいるんだけど、人生って本当に何とかなるんです。

子どもの人生がうまくいかなくなるとしたら、そういう親の疑《うたぐ》り深さが、どうにもならないことを招くの。

俺みたく「人生は絶対うまくいく」と思い込んでいる人間は、何をしようがうまくいくものだよ。

遊びを1つ足せばたちまち仕事は面白くなる

仕事そのものは嫌だけど、お客さんからの「ありがとう」が嬉しくて、何とか仕事を続けられている――。

そんな感覚で仕事をしている人がいると思います。

仕事は嫌だけど、その中にプラスの要素があるから、何とかぎりぎりのところで保たれているんだよね。

こういう人はどうしたら仕事自体を好きになれるかというと、遊ぶしかないんです。

遊びが足りないから、仕事が面白くないの。

遊びをめいっぱい楽しんでいる人って、遊ぶためにお金を稼ごうとするんです。

生活費やなんかを全部払った上で、なお遊ぶための資金が十分に残るようにしたい。

どうしたら、それだけのお金が稼げるだろうって考える。

だって一度遊ぶ楽しさを味わっちゃったら、楽しくてやめられないから。

で、思いついたことを実践しているうちに、いつの間にか収入が増えているんです。

収入が増えるということは、それだけ出世したり、お客さんが増えたりしているということでしょ？

結果が伴うわけだから、間違いなく仕事は面白くなるよ。

収入を増やす方法なんて、ちょっと考えたくらいで思いつくはずがないって言う人がいるかもしれない。

でもね、本気で稼ぐことを考えたら知恵は湧きます。

知恵が湧かないのは、たいして考えていないからだよ。

考えて考えて、それでもまだ考えてごらん。

自分にぴったりのいい方法が、絶対に浮かぶはずだから。

お客さんに感謝されると誰だって嬉しいし、もちろん素晴らしいことだよね。

でもそれだけだと、いずれつらくなる。

なぜなら、誰かが感謝してくれない限り、あなたはいつまでも幸せになれないってことだから。

その点、遊ぶことで仕事の面白さを発掘していくのは、すべて自分の行動でです。

いくらでも、好きなだけ幸せをつかみに行けるんだよね。

プラスの感情とマイナスの感情がぎりぎりのバランスで保たれている人は、そこに１つ遊びが加わるだけで、シーソーは「幸せ」の方にグッと傾く。

仕事だって何だって、面白くならないわけがないんだ。

「趣味＝お金がかかる」という先入観は捨てる

楽しいことをしな、遊びなっていう話をすると、必ずお金の話になるんです。遊ぶのにはお金がかかるんですけど、って。

あのね、お金がかかるから仕事でも何でも頑晴ろうと思えるんだよね。

だけど遊びにお金を使いたくないとか、今はまだ遊びに回せる余裕がないんだったら、お金のかからない楽しいことを考えたらいいの。

みんなすぐ「楽しいことをするにはお金がかかる」って言うけど、ちょっと考えたら、お金のかからないことはいくらでも思いつくんだよね。

知恵を出してないから、お金がかかることしかできないんです。

俺の場合、よく自分で自分にクイズを出すんです。

最近だと「女性が浮気を許すのはどういう時か」っていうクイズを自分に出して、この時は「自分が浮気した時」っていう結論に至ったんだけど（笑）。旦那の浮気は絶対に許さない女性でも、自分のこととなると許すに違いないだろうって（笑）。

人間って、自分が浮気した時は、急に保身に走るものだからね（笑）。

こんなふうに、俺は１人でいる時も、１円もかけないで面白い遊びをしているんです。

こないだテレビで観たのも、参考になるかもわかんない。

その番組では、鉄棒が趣味だっていう人が紹介されていました。

しかも１人や２人じゃなくて、鉄棒が好きな人でグループを作って、仕事帰りに公園で鉄棒をするんだって。

鉄棒って１人でもくもくと練習するイメージだったけど、なるほど、こんな遊び方もあるのかって。

グループがあると、賑《にぎ》やかですごく楽しいだろうね。

お金もかからないし、こんなにいい趣味はない。

ほかにも、最近は献血を趣味にしている人も多いらしいんです。

今、献血ルームってすごく充実しているんだって。

献血をした人はジュースやお茶が飲み放題だったり、いろんなお菓子がもらえたり。

雑誌やマンガもたくさん置いてあって、ＤＶＤの貸し出しサービスや、マッサージチェアまであるところも。もちろん、全部無料。

献血ルームによって設備はさまざまだけど、中にはおしゃれなカフェみたいなのもあったりして、ゆったりくつろげるんです。

後日、血液検査の結果を教えてくれるから、無料で健康状態をチェックできるメリットもあるし、社会貢献しているっていう実感が得られるのも嬉しいよね。

こんなふうにちょっと調べただけでも、お金のかからない遊びはいくつも見つかるものです。

まずは「趣味＝お金がかかる」という先入観を捨てて、お金のかからない、楽しい遊びを探してみるといいよ。

かっこいい言い方をしてごらん

会社勤めをしている人の中には、就職難の時代に、何十社も受けてやっとの思いで今の会社に入った人もいると思います。

で、入社するのに苦労した人は、会社が嫌になっても辞められなくなることがあるんだよね。

そういう人の心を軽くできるかどうかはわからないけど、一人さんがアドバイスするとしたら、まず言い方を変えたらどうだろう。

もし俺が会社員だとして、転職を考えているんだったらこう言うよ。

「何十社という企業の中から、素晴らしい1社とご縁をいただいたけど、もっと幸せになるために転職したいんです」

ストレートに「会社が嫌だから辞めたい」って言うのと、全然、印象が違うんじゃないかな。

この人だったら、きっといい転職先が見つかるだろうなって思わないかい？

言葉というのは、どう言ったらかっこいいかなんだ。

かっこいいことを言っている人には世間が味方するし、神様も味方してくれる。

第一、モテるよね（笑）。

「会社が嫌だけど辞められない」なんて言い方じゃ、誰にも好かれない。

だって、ただの愚痴だもの（笑）。

お世話になっている会社の悪口を言うのって、相当かっこ悪いと思います。

たとえ本音は違ったとしても、かっこいいことを言って欲しいよね。

かっこばかりつけるなって言うけど、かっこぐらいつけろよって（笑）。

ただでさえかっこ悪いんだから、残念を重ねてもしょうがないでしょ（笑）。

「何十社受けても合格できなかった人もいるのに、私は入れたんです」

「おかげさまで、いい同僚に囲まれているよ」

とかね、周りが聞いて安心するようなこと言わなきゃ。

なかなか会社を辞められなくてつらいって言うけど、こういう人は、辞めたら辞めたでまた愚痴を言い出すものなんだ。


そもそも、最初の就職活動の時を思い出してごらんよ。

運が悪ければ、全部落ちちゃったかもしれないのに、「ぜひ我が社へきてください」って採用してくれる会社があった。

それだけで、あなたはものすごくツイてるよ。

あなたを採用してくれた会社なんだから、いい会社なんです。

いい会社に入れたけど、成長した今はもっと上を目指したいんだっていう気持ちなら、みんなが応援したくなるじゃない。

あぁ、向上心がある人だなって。

もしかしたら、あなたのかっこいい言葉を聞いた人が、あなたがまさに求めているような素晴らしい仕事を紹介してくれるかもしれない。

常にそういう意識を持って、かっこいい言葉を使おうね。

被害者意識より感謝だよ

最近は、出産後に仕事復帰する女性が増えています。

ところが育児休暇を終えて復帰したところ、会社に自分の居場所がなくなったように感じる人がいるのだそうです。

一人さんは育児休暇を取ったことがないから、詳しいことはわからないけど、こう思うんだよね。

あなたが仕事を休んでいる時も、会社は休業するわけにいかない。

ということは、あなたの代わりに仲間たちが仕事をしてくれていたんです。

そう思えば、自分のぶんまで顔晴ってくれた仲間たちに感謝だよね。

自分の仕事を代わりにしてくれて、ありがたいなぁって。

会社に居場所があるとかないとか言う前に、まずはそう思えたらいいよね。

仕事に復帰したら、育児休暇を取る前と同じように働きたいと思うのもわかります。

それだけ張り切っているんだよね。

だけど小さい子どもがいると、子どもの急な病気やケガで、休んだり早退したりすることもあると思います。

そんな時にめいっぱい仕事を抱えていたら、子どもを犠牲にすることになるよ。

だから最初のうちは特に、「仲間が仕事を引き受けてくれるおかげで、私は何かあってもすぐ帰れる。ありがたい」という感謝の気持ちが必要なんじゃないかな。

で、そういう気持ちが大前提としてあれば、「私の仕事を取られた」「居場所がない」だなんて思うはずがないんです。

バリバリ仕事がしたい人は、ゆとりが出てきたところで「もう少し仕事のボリュームが増えても大丈夫ですよ」って言えばいいだけのことなの。

自分の仕事が終わっても時間が余ったら、仲間に「何か手伝いましょうか？」って言えばみんな喜んでくれるよ。

思い方ひとつで、景色は全然違ってきます。

楽しく仕事をしたいんだったら、明るい波動を出さなきゃいけない。

それにはやっぱり、仲間への感謝が欠かせないよね。

被害者意識ばかり大きくしていると、ネガティブな波動が出て、ますます愚痴を言いたくなるような現実が作られていくだけだから。

そもそも、育児休暇が終わった時に会社に戻れるということは、あなたが会社に必要とされているからです。
居場所があるから、あなたは会社に戻れたの。
その事実に目を向けたら、前向きな気持ちになれるんじゃないかな。

成長は止まらないのが当たり前なんだ

時々、生き急ぐかのように、いつも何かに追い立てられている人がいます。
そういう人って、人生が1回しかないと思っているんだろうね。
短い生涯だから、あれもしなきゃ、これもしなきゃって。
まるで追い立てられるように生きている。
でもね、人間は死なないんだよ。
肉体は寿命がきたら死ぬけど、魂は永遠に生き続けるんです。
何度でも生まれ変われるんだから生き急ぐ必要はないし、今世できなかったことは来世ですればいいんだよね。

魂は永遠に生き続けるから、死ぬことだってたいした問題じゃないの。

だったらいつ死んでもいいんですかって、そんなわけない(笑)。

この世には楽しいことがいっぱいあるから、俺は少しでも長生きしたいんです。


一人さんはいつも動いていて、1秒たりとも歩みを止めません。

会社の商品でも、お弟子さんや社員がびっくりするくらい、俺はヒット商品を次々生み出しちゃうんです。

だけど、全然生き急いでいるように見えないの。

ほかの人が俺と同じように1秒も歩みを止めないでいると、生き急いでいるように見えるのに、俺の場合はすごくゆとりがあるんだよね。

なぜそんなに違いがあるのかというと、俺は人生を楽しんでいるからだよ。

それと、いつも笑顔だから。

例えば同じように走っていても、必死の形相《ぎょうそう》で走っているのと、笑いながら走っているのとでは、見る人の印象は全然違うでしょ？　それと同じです。

俺の場合、いつも楽しんでいて笑顔なの。

笑顔で楽しんでいるから、どんなにスピード感のある人生でも、決して生き急いでいるように見えないんだ。


こういう俳句があるんです。

「くすの木千年　さらに今年の若葉なり」

樹齢千年の楠《くすのき》と聞けば、普通はもう葉をつける元気もないと思うかもしれないけど、昨年と変わらないばかりか、さらに勢いよく若葉が萌《も》えている。

そういう歌なんだよね。

生きるって、成長することなの。

樹齢千年の木ですら、まだまだ成長している。

一人さんが歩みを止めず、成長し続けるのだって、命ある存在として当たり前のことなんです。

それを、年を取ったとかどうとかって歩みを止める方が、逆に苦しくなるの。

成長を止めるって、自然の摂理に反しているんだよね。

あの縄文杉だって、まだまだ大きく成長し続けているんです。

俺たちだって、魂はどこまでも成長し続けるんだ。

おわりに

今世、あなたがやり遂げなければならないことはただひとつ。
それは、この地球で楽しく遊ぶこと。
真面目に生きなくていい。
努力や我慢もいらない。
人生は楽しんだ人だけが成功するし、楽しんだ人だけが幸せになるよ。

みんなの幸せを、いつも願っています。

さいとうひとり

著者紹介

斎藤一人（さいとう　ひとり）

実業家。「銀座まるかん」（日本漢方研究所）の創設者。1993年から納税額12年連続ベスト10入りという日本新記録を打ち立て、累計納税額に関しては2006年に公示が廃止になるまでに、前人未到の合計173億円を納める。また、著作家としても「心の楽しさと経済的豊かさを両立させる」ための著書を何冊も出版している。主な著書に『斎藤一人　人は考え方が９割！』『強運』『知らないと損する不思議な話』『人生に成功したい人が読む本』『絶対、よくなる！』『「気前よく」の奇跡』（以上、ＰＨＰ研究所）がある。

本書は、2019年11月にＰＨＰ研究所より刊行された作品です。

ＰＨＰ文庫　斎藤一人 楽しんだ人だけが成功する

2023年３月13日　第１版第１刷

著　　者　斎　藤　一　人
発 行 者　永　田　貴　之
発 行 所　株式会社ＰＨＰ研究所
東京本部　〒135-8137　江東区豊洲5-6-52
ビジネス・教養出版部　☎03-3520-9617(編集)
普及部　☎03-3520-9630(販売)
京都本部　〒601-8411　京都市南区西九条北ノ内町11

PHP INTERFACE　https://www.php.co.jp/

組　　版　株式会社PHPエディターズ・グループ
印 刷 所　大日本印刷株式会社
製 本 所　東京美術紙工協業組合

ISBN978-4-569-90307-1

PHP文庫

人生が楽しくなる「因果の法則」

斎藤一人 著

成功したいなら、知っておくべき〝基礎〟がある――。日本一しあわせなお金持ち・斎藤一人さんが誰も知らない人生の仕組みを大公開！

PHP文庫

知らないと損する不思議な話

斎藤一人 著

1日100回、10日以上〝ある言葉〟を言うだけで、人生が劇的に好転する！　日本一のお金持ちが、苦労せず、笑いながら成功する秘訣を伝授。

PHP文庫

絶対、よくなる！［令和パワーアップ版］

斎藤一人 著

「心配しないでください。あなたの人生は絶対、よくなります」――。多くの人生を変えた12万部突破のベストセラー、待望の文庫化！